龙海市社会科学界联合会红色文化系列丛书

华侨抗战女英雄

李林

陈忠杰 郑坤全 陈勇闯 ◎ 著

海峡出版发行集团 | 福建教育出版社

图书在版编目（CIP）数据

华侨抗战女英雄李林/陈忠杰，郑坤全，陈勇闯著
.—福州：福建教育出版社，2019.1（2020.11 重印）
ISBN 978-7-5334-8194-0

Ⅰ.①华⋯　Ⅱ.①陈⋯　②郑⋯　③陈⋯　Ⅲ.①李林—传记　Ⅳ.①K827=6

中国版本图书馆 CIP 数据核字（2018）第 287484 号

龙海市社会科学界联合会红色文化系列丛书
Huaqiao Kangzhan Nüyingxiong Li Lin

华侨抗战女英雄李林

陈忠杰　郑坤全　陈勇闯　著

出版发行	福建教育出版社
	（福州市梦山路 27 号　邮编：350025　网址：www.fep.com.cn）
	编辑部电话：0591-83779650
	发行部电话：0591-83721876　87115073　010-62027445）
出 版 人	江金辉
印　　刷	三河市同力彩印有限公司
	（河北省廊坊市三河市皇庄镇赵庄子村　邮编：065204）
开　　本	710 毫米×1000 毫米　1/16
印　　张	7.5
字　　数	95 千字
版　　次	2019 年 1 月第 1 版　2020 年 11 月第 2 次印刷
书　　号	ISBN 978-7-5334-8194-0
定　　价	30.00 元

如发现本书印装质量问题，请向本社出版科（电话：0591-83726019）调换。

李林（1915-1940）

龙海市社会科学界联合会
红色文化系列丛书

编 委 会

主　任：纪瑞仁

副主任：陈忠杰　童木民

委　员：陈忠杰　郑坤全　陈勇闯
　　　　　郭燕雪　陈春杰

序　言

　　华侨抗战女英雄李林的事迹，在她的故乡漳州和她学习生活过的厦门集美、杭州、上海、北京以及战斗过的山西朔州等地广为传颂。她是妇女的骄傲、华侨的楷模，也是我们学习的榜样。

　　李林年少时随养父母侨居荷属东印度（今印度尼西亚），就读于爪哇外南梦"中华学校"。那时荷兰殖民者规定，华侨学校只准教授英文，不准教授中文，热爱祖国的华侨教师只能瞒着殖民者，用中文讲述祖国壮丽的山河和悠久的历史。寄人篱下的生活，深深刺痛了李林的自尊心，也使她渐渐萌生出朦胧朴素的爱国思想。小学毕业后，李林回国，先后在家乡石码私塾、陈嘉庚创办的集美学校和浙江省立杭州女中、上海爱国女中及北平私立民国学院政治系学习。这期间，正处于全国人民抗日救亡运动风起云涌的年代，李林在求学求知中一路走来，逐步从朴素的爱国者成长为一名具有崇高信仰、敢于担当的中国共产党党员。为了抗日救国，李林勇赴晋绥抗日前线。1937年组建队伍，文行武功两卓越。1938年驰骋晋绥，神兵闪击。1939年奇袭岱岳，又建奇勋。1940年吸引火力打掩护，以身殉国，英勇壮烈。

　　李林殉国后，当时的中共中央机关报《新中华报》刊登《悼民族女英雄李林同志》，全国各大媒体都在头版刊载了李林英勇牺牲的消息、通讯和纪念文章。1973年，周恩来总理会见法国总统蓬皮杜时，介绍李林为"中国的贞德"。2009年，李林入选中宣部等中央十一个部门评选的"百位为新中国成立作出突出贡献的英雄模范人物"。2014年，李林入选国家民政部公布的"300名著名抗日英烈和英雄群体名录""百位新中国成立以来感动中国人物"。2017年，李林成为中共一大会址"缅怀墙"上唯一一位漳州人。

2015年9月2日，中共中央总书记习近平在颁发中国人民抗日战争胜利70周年纪念章仪式上指出："天地英雄气，千秋尚凛然。一个有希望的民族不能没有英雄，一个有前途的国家不能没有先锋。包括抗战英雄在内的一切民族英雄，都是中华民族的脊梁，他们的事迹和精神都是激励我们前行的强大力量。"

在纪念李林103年诞辰之际，龙海市社会科学界联合会组织编写了《华侨抗战女英雄李林》一书。本书饱含爱国激情，文笔流畅，内容翔实，恰到好处地论述、总结了一位侨生的爱国情怀和英雄气概。该书的出版旨在唤醒沉睡在人们心中的崇高信仰，使人们坚持理想和抱负，进而获得回顾历史、面向未来的力量。这是一本对广大干部群众特别是青少年进行爱国主义教育、革命传统教育的生动教材，也是对广大党员干部进行"不忘初心，牢记使命"教育的有益读本。

2019年1月

目 录

第一章　多灾的童年
第一节　塔口庵弃婴 …………………………………… 3
第二节　龙眼营的疤痕 …………………………………… 6
第三节　移民印尼受欺 …………………………………… 10

第二章　奋进的青年
第一节　假小子 …………………………………… 17
第二节　西子湖畔英雄梦 …………………………………… 22
第三节　作文 105 分 …………………………………… 27
第四节　创办平民夜校 …………………………………… 31
第五节　改名李林 …………………………………… 38

第三章　战斗的日子
第一节　抗日的"花木兰" …………………………………… 49

第二节　顽皮的"佘太君" ……………………… *56*

第三节　战地干妈与保姆 ……………………… *63*

第四章　英雄的本色

第一节　心爱的战马 ……………………………… *71*

第二节　悬赏5000大洋 …………………………… *78*

第三节　冲出去——我掩护! …………………… *85*

第五章　不朽的丰碑

第一节　悼忠魂　树丰碑 ………………………… *95*

第二节　赞英雄　永传承 ………………………… *101*

附：李林年表 ……………………………………… *105*

后记 ………………………………………………… *109*

第一章　多灾的童年

第一节　塔口庵弃婴

【导读】

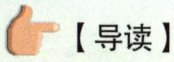

我们无法选择自己的出生，但可以选择自己的人生。李林出生四十几天后就被亲生父母遗弃，童年多灾多难，但正是这样的童年影响了她的未来。

通过阅读本节，我们可以了解李林的童年，从而明白一个道理：任何成功都是后天努力奋斗的结果。

漳州是水仙花之乡，也是福建著名的侨乡之一，以说闽南话为主。自唐朝垂拱二年（686）建立漳州府，至今已有一千三百多年的历史。

由于历史久远，漳州城到处是遗留下的寺庙古迹。在今天漳州市区大同路上，就有一座塔口庵。这座庵相传是宋朝朱熹在漳州当官时，为了教育百姓，改变不良风气，在唐朝遗留的净众寺基础上修建的。民国时，这个地方归龙溪县管辖。大同路在当时是个非常热闹的老街，做买卖的大都集中在这条街上。

1915年12月的一个上午，大同街跟往常一样人来人往，街上不时传来叫卖声。虽然太阳已放射出它的光芒，但行走在街上的人们仍感受不到温暖，他们把双手紧紧地插在衣服口袋里，嘴唇还不住地哆嗦。

此时，一个妇女悄悄走到塔口庵前，她的两只手紧护着一个盖着碎花布的竹篮，神色有点慌张，低着头不敢面对行人。她将竹篮

漳州塔口庵，当年李林被遗弃于庵边角落。

放在庵前的古榕树下，看了一下四周，然后对着竹篮无奈地摇摇头，眼睛里流露出痛苦的目光。她转身面朝庵中的菩萨，嘴里默默祈祷着，三拜后走到竹篮前掀起碎花布，又恋恋不舍地看了一眼，便从人群中消失了。

就在同一时分，塔口庵里跪着一个打扮端庄的中年妇女。她烧着香，面对菩萨口中念念有词，好像正与菩萨商量一件心事。然后她抽了支签，一看是好签，非常高兴，拜谢后便缓缓地出了庵。

"咯——咯——"是婴儿的叫声！这声音像笑更像喊，而不像哭，从庵前古榕下一根石柱旁传来。刚出庵的这个女人走近竹篮。

这时，竹篮边已经聚拢了很多人。

"谁扔下个婴儿……"

"哪个夭寿渣母（闽南话，指没良心的女人）……"

几个路过的大妈围着竹篮，一边看这个可怜的婴儿，一边责骂议论。这个进香的女人快速地观察了四周,发现竹篮旁无人看管,便上前揭开篮中碎花布小被头。婴儿的一双小胳膊登时挥舞起来,眼睛笑成一条缝,小脸蛋如野苹果一样,圆圆的,泛着健康喜人的红色。

进香女人的心里一颤,似乎明白了刚刚抽的那支签的含义。她赶紧盖回被头,直起腰来,抬头看看四周的人,然后小心翼翼地捧起竹篮,一路小跑回了家。

这个进香的女人名叫陈茶,她捡的这个弃婴,就是日后著名的华侨抗战女英雄——李林。

知识小链接

朱熹(1130—1200),世称朱文公,出生于南剑州尤溪(今福建省尤溪县)。宋朝著名理学家、思想家、哲学家、教育家、诗人,儒学集大成者,世人尊称为朱子。

朱熹十九岁考中进士,曾任江西南康、福建漳州知府等,做官清正有为,振举书院建设。朱熹著述甚多,有《四书章句集注》《太极图说解》《通书解说》《楚辞集注》等。

第二节　龙眼营的疤痕

【导读】

童年的李林经历过生与死的考验，一场天花让她几乎丧命，强大的意志力和母亲无微不至的照顾使她从死神的魔爪中逃出。

通过阅读本节，我们可以获得一个启示：磨难是通往胜利的阶梯。

陈茶在塔口庵前捡到婴儿后，急匆匆地赶回家。她家在龙眼营，离塔口庵不远。

陈茶的丈夫叫李瑞奇，他的家族在当地很有名望，祖父曾在清廷做官，父亲李亚仙是看风水的，也小有名气。李瑞奇早些年在当铺做会计，家境还算殷实。

老天爷偏爱捉弄人，陈茶结婚五年一直未能生育，丈夫李瑞奇后来又跟随村里人到印度尼西亚经商去了。陈茶生活孤独，内心凄凉，时常到她家附近的塔口庵里拜佛，求菩萨让她早点有个小孩。

再说陈茶从塔口庵提着竹篮一进家门，就迫不及待地抱起孩子，抚摸孩子的小圆脸，仔细地端详。婴儿好像受到了惊吓，"哇"的一声哭了。

"唉，可怜的娃……你我都是苦命人啊！"陈茶一边哄着婴儿一边叹气，想着孩子的生身父母应该经历了很多痛苦，无奈之下才做出如此狠心的举动，又想着自己多年的孤独寂寞，陈茶满眼是泪，说不出话来。

龙眼营街区是漳州最古老的街区，李翠英在这里生活了四年时间。

陈茶给这个女婴起名为"翠英"。从此，在龙眼营的街头巷尾，经常出现陈茶怀抱小翠英的身影。

小翠英不怕生，每每看见邻居从远处走来，就在妈妈的怀里手舞足蹈地和人家打招呼，要是有人向她扮个鬼脸，或者碰碰她的小脸蛋，她就咯咯大笑不止。所以乡亲们一见她，都争相抱她玩。小翠英给龙眼营的人们带来了无尽的欢笑。

小翠英三岁那年的春天，龙眼营一带天花肆虐。天花是由天花病毒引起的一种烈性传染病，在当时若有人得了这种病，很难医治，十有八九"被判了死刑"。街上家家户户大门紧闭，许多商店关门，不做买卖。整条街显得冷冷清清，过路的人们也都匆匆忙忙，不敢稍作停留。

自从爆发天花后，龙眼营周围低矮的棚户里每天都会传出撕心裂肺的哭喊声，听者都胆战心惊。三岁的小翠英也不幸染上天花病毒，一直高烧不退。陈茶心急如焚，四处寻医问药，每天对着家中的神像祈祷。

"菩萨，求求你保佑我的翠英。"

"菩萨，只要翠英平安，我一辈子做牛做马都行。"

……

母女俩整天待在屋里，不敢迈出大门一步。

"阿姆，我要出去。"

"我要找小姐姐玩。"

……

小翠英连续几天躺在床上，吃不下饭，浑身无力，她的脸上起了一个个小水泡。她特别难受，便哭着让妈妈带她出门找隔壁的小伙伴玩耍。

望着满脸通红的小翠英，陈茶心如刀绞，含泪说："乖女儿，等你病好了，阿姆就带你出去，别哭。"小翠英听了，懂事地点点头，不再哭闹了。

在陈茶的精心照料下，奇迹出现了。小翠英的高烧一天一天地退了，脸上的小水泡也慢慢消失。遗憾的是，水泡化脓结痂后，在她美丽的脸庞上留下了疤痕。

小翠英幸运地躲过了死亡的威胁，却从此成为麻子脸姑娘。二十多年后，晋绥边区军民用敬爱而亲切的口气称赞"李疤子，不简单"，陈茶若地下有知，知道女儿受到如此称赞，也会觉得安慰了。

知识小链接

龙眼营的来历

龙眼营，古称龙骇瀛，地处漳州城南，南面靠近九龙江的南门溪，水路交通方便，北面靠近孔庙及府口街，是漳州最古老的街区之一。

原来龙眼营有条河沟，河沟上有座桥，这座桥是漳州"七阴八阳"桥的第四座，称龙骇瀛桥。相传在宋淳熙四年（1177）时，桥下出现河水汹涌的现象，时人认为有龙在水下奋跃，因此说"龙奋其下"，故得名龙骇瀛，到清代才谐音成"龙眼营"至今。

第三节　移民印尼受欺

【导读】

寄人篱下是一种怎样的感受？受尽他人欺凌却只能忍气吞声、不能反抗又是多么痛苦！

阅读本节内容，能让我们了解童年的李林移居海外生活的艰辛，也让我们明白祖国与华侨血浓于水的关系。

一场天花差点夺走小翠英年幼的生命，还给她留下终生的麻脸。陈茶越发感到在灾难面前的无助与无奈，她决定带着小翠英到南洋寻找丈夫。

1918年冬天，陈茶带着小翠英来到荷兰殖民统治下的印度尼西亚。

李瑞奇在印尼的十几年间勤奋创业，加之他的聪明能干，已在当地成功地经营了几家百货公司，生活较为富裕。他还担任爪哇华侨团体"外来梦"委员会的主席，热心公益事业，关心华侨子弟的培养和教育，带头集资兴办爪哇"中华学校"，并任该校董事长。

李瑞奇将陈茶和小翠英安排在泗水定居下来，并让陈茶经营一家叫瑞林的杂货公司。

一转眼，小翠英到了入学年龄。李瑞奇对翠英这个名字不是很满意，于是给她重新取了个学名——秀若，让她在自己创办的中华学校读书。

一天，秀若放学回家，还未进家门，远远地便朝母亲嚷道："阿姆，不好了！荷兰人在打一个印尼人，流了很多血。""阿姆，为什么围观的几个印尼人都不敢保护他呢？你快去救救他吧！"

"傻闺女，这里是荷兰人的地方，阿姆救不了他呀。"陈茶摸着秀若的头叹息着说。

秀若悲愤地向母亲描述了她看到的景象。荷兰人拿着木棍，不停地打印尼人的后背和手臂，还猛踢他的肚子，边踢边骂："你们这群猪，蠢物！"那个印尼人用手紧紧地抱住头，在地上打滚，不停地哭喊，嘴里流了很多血，就是不敢还手。在他的旁边站着几个印尼人，他们都畏畏缩缩的，没有一个人站出来阻拦。

这天，秀若吃不下饭，她一直不明白母亲的话，她喃喃自问：印尼人也有两条胳膊呀，为啥挨打不敢还手？刚刚10岁的秀若陷入疑惑中，她深深地感受到了这个社会的不公正。

晚上，李瑞奇从公司下班回到家，秀若马上把白天看到的事告诉了父亲。

"爸爸，我不明白，荷兰人为什么可以随意欺负本地人呢？"

"孩子，你还小，有些事我慢慢告诉你，你长大了就

李林的养父李瑞奇是进步华侨人士，曾经为营救中共地下党员而卖掉自家的房子。

第一章 多灾的童年

知道了。"李瑞奇看着一脸疑惑的秀若，心想这个小鬼有头脑，将来不简单。

"不嘛，爸爸，你现在就讲给我听，我听得懂。"秀若撒起娇来。

李瑞奇无奈地笑了笑，然后向秀若讲述了华人在海外的种种不幸遭遇。

他说，我们中国人因为贫穷被迫漂洋过海，移民到印尼，由于勤劳聪明，华侨的日子逐渐好起来。在印尼各地出现了很多华侨富翁，还出现了不少华侨组织，越来越多的中国人涌入印尼。控制印尼的荷兰当局害怕华人的势力越来越大，会危及他们的统治，于是在1706年颁布了限制华侨入境的政令，也限制华侨在印尼的生产经营，逮捕华侨的事件经常发生。1740年7月到10月间，荷兰当局以各种借口和罪名杀害上万华侨，制造了"红溪惨案"。在学校里，还规定华侨的子女不准学习中国的文化。

"孩子，你知道吗，我们华人和印尼人一样被人瞧不起，一样被欺凌！"李瑞奇说到这儿，抑制不住满腔怒火，挥起拳头"砰"的一声砸到桌子上。

"爸爸，那我们为什么不敢反抗？""难道我们就这样任人欺负？"秀若向父亲一连串地发问。

李瑞奇长叹一声，说："我们国家太贫穷落后了，加上朝廷的腐败无能，所以被人瞧不起，没有地位啊！"

为了不让秀若受到太大的刺激，李瑞奇便转移了话题，给她讲起了陈嘉庚的故事。陈嘉庚也是一个华侨，他虽身处南洋，但一直心系祖国，为国家兴学育才做出了巨大贡献。

一听到陈嘉庚三个字，秀若激动地嚷起来："我在学校里听过这

华侨领袖陈嘉庚倾巨资创办集美学村，他是抗战女英雄李林仰慕的校主和民族英雄。

个名字，老师说，连荷兰官员都为他竖大拇指呢……"

"是啊，陈嘉庚真了不起，是我们华侨的楷模。"李瑞奇充满深情地介绍了陈嘉庚资助孙中山先生领导的同盟会的反清活动，还介绍了他在集美等地捐资办学的事迹。

这一夜，秀若躺在床上翻来覆去无法入睡，想起白天发生的一切及父亲母亲说过的话，思忖着怎样才能让中国人不受欺压，她暗暗发誓将来也要像陈嘉庚那样报效祖国。

印尼生活的所见所闻，在秀若幼小的心灵中埋下了反抗暴政的种子，也孕育了她爱国的赤子情怀。

第一章 多灾的童年

> **知识小链接**
>
> ### 陈嘉庚
>
> 陈嘉庚（1874—1961），又名甲庚，字科次，福建同安县集美社（现厦门市集美区）人，著名爱国华侨领袖、实业家、教育家、慈善家、社会活动家。1913年，陈嘉庚在家乡先后创办了集美小学、集美中学和师范、水产、航海、商科、农林等学校（统称集美学村）以及厦门大学。厦门大学、集美学村各校师生都尊其为"校主"。

第二章　奋进的青年

第一节　假小子

【导读】

李林在印尼侨居时期，华侨领袖陈嘉庚的爱国爱乡情怀，深深感染了她幼小的心灵。回到阔别已久的祖国后，李林就奔向她向往已久的神圣殿堂——集美学村求学。

阅读本节内容，我们可以发现李林正是从这里出发，开始了她不同寻常的一段段经历和变化。集美学村的求学生涯，奠定了李林走上革命道路的思想基础。

秀若和母亲陈茶移居印尼生活，一晃过了10年，秀若已长成一个亭亭玉立的少女。

第一次世界大战爆发后，经济危机席卷整个西方世界，在印尼的各国资本家疯狂排华，李瑞奇的公司受到严重的打击。继续待在印尼不是长久之计，陈茶有了回国的念头。

一天，陈茶和秀若吃好晚饭收拾完毕，母女俩坐着聊天。陈茶试探地问道："阿秀，你想不想小时生活的家？还记不记得小时的伙伴？"

秀若听母亲这一问，兴奋地大叫起来："阿姆，咱们回国去！回老家！我可不想一辈子在这儿受别人的气！"

说心里话，刚到印尼的时候，岛上的热带风光和异国情调让幼小的秀若深深迷恋，但随着年龄增长，看到越来越多的华人受尽歧视和不平等的对待，秀若对祖国和故乡越发地思念了。

华侨抗战女英雄 **李林**

1929年冬，陈茶带着14岁的秀若和3岁的幼子于春节前回国。母子三人一坐上回国的轮船，秀若便兴奋地念起了儿时的歌谣："天黑黑，要落雨，阿公拿锄头……"此时的秀若有一种朦胧的想象：回到祖国就会远离异族的欺压，就可以过上自由快乐的生活……

"阿姆，我想读书，到陈嘉庚办的学校读书。"回国后，秀若向母亲提出了她多年的愿望。

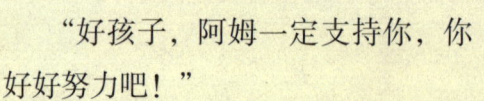

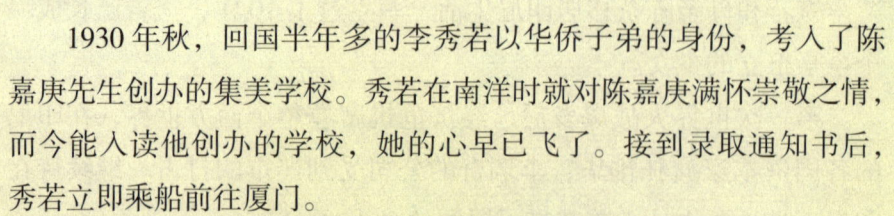

"好孩子，阿姆一定支持你，你好好努力吧！"

李秀若

1930年秋，回国半年多的李秀若以华侨子弟的身份，考入了陈嘉庚先生创办的集美学校。秀若在南洋时就对陈嘉庚满怀崇敬之情，而今能入读他创办的学校，她的心早已飞了。接到录取通知书后，秀若立即乘船前往厦门。

集美学村位于厦门湾，依山傍海，校园里一幢幢浓郁的南洋风格建筑，让人有行走在异国他乡之感。

到了学校后，一头短发，一身男儿装扮，爽朗的笑声，不拘小节的举止，一口带着印尼腔的普通话，使秀若成为引人注目的假小子。

"秀若，打球去！"每当傍晚放学，听到同学一声呼唤，秀若便立即跑进操场。她的个子虽然不高，打起球来却非常拼命，跑动又很灵活，常令对手防不胜防。不久，秀若被吸收为学校女子篮球队的主力前锋,经常代表学校外出参赛,还曾入选福建省代表队参加全国运动会。

秀若不仅在篮球赛场上顶呱呱,她还有其他广泛的兴趣,吹口琴,弹风琴,唱歌,画油画,都很在行。这个假小子在集美学校无人不知,学校推选学生自治会代表时,许多人高喊"李秀若""李小子",结果秀若当选。在获选发言会上,秀若向全校师生郑重承诺:"我绝不辜负大家对我的信任和期望,我一定加倍努力,为学校多做贡献。"

夜晚的校园里,海风徐徐,远处传来隐隐的涛声,学校图书馆里坐满了读书的学生。秀若和往常一样,七点钟准时来到图书馆里阅读。这座图书馆也是陈嘉庚先生创建的,叫博文楼图书馆,馆内藏书四万余册。秀若特别喜欢文学,她梦想着将来成为一个文学家。集美学校为她提供了一个很好的学习环境,在这里她如饥似渴地阅读了大量中外名著。苏俄革命文学是她最爱读的,比如屠格涅夫的《猎人笔记》《父与子》《贵族之家》等等。给秀若带来巨大影响与震撼的,是巴金所译、屠格涅夫所写的散文诗《门槛》。

1931年9月18日,九一八事变爆发。枪炮声传到集美学村,打破了校园的宁静,也击碎了秀若的文学梦。

第二章 奋进的青年

20世纪30年代的集美学村

华侨抗战女英雄李林

18岁的李秀若（前左一）在集美女子初级中学毕业，与部分同学合影留念。

看到东北三省沦陷，看到日寇烧杀抢掠的恶行，秀若想起小时候在印尼看到的华人备受欺凌的情形，她为东北人民遭受的苦难深感悲愤。

一天，在全校学生大会上，秀若发表激情洋溢的演说："同学们，如今日寇侵略我东北三省，我们要团结起来，共同抵抗侵略者，保卫我们的家园！"

利用假日，秀若带领同学们到车站码头烧毁日货，下乡宣传抗日救国主张，并以学生自治会名义发动学校师生，举行了一次抗日义勇队员联合演习，她担任演习分队长。

演习期间，她走在队伍前列，带领学员们挥舞手臂高呼："打倒日寇，还我东北！""打倒日本侵略者！"呼声一浪高过一浪，回荡在集美校园的上空。

知识小链接

九一八事变

1931年9月18日夜，在日本关东军指使下，铁道"守备队"炸毁沈阳柳条湖附近的南满铁路路轨，并栽赃嫁祸于中国军队。日军以此为借口，炮轰沈阳东北军北大营，制造了九一八事变。次日，日军侵占沈阳，后来又陆续侵占了东北三省。1932年2月，东北全境沦陷。此后，日本在中国东北建立了伪满洲国傀儡政权，开始了对东北人民长达14年之久的奴役和殖民统治。

九一八事变是日本在中国东北蓄意制造并发动的一场侵华战争，是日本帝国主义侵华的开端。它同时标志着世界反法西斯战争的开始，揭开了第二次世界大战东方战场的序幕。

第二节　西子湖畔英雄梦

【导读】

美丽的杭州有"人间天堂"的美誉。李林从集美学校毕业后，来到杭州继续求学，为的不是观赏美景，而是追求心中的信念。

阅读本节，我们可以进一步看到李林是在许多中国"脊梁"的精神感召下，不断觉醒的。

1933年12月，18岁的李秀若要毕业了。毕业之前，她与七位同学合影并题诗句："读同窗，梦联床，莫忘当日书声灯光。"

"銮英，毕业后你有什么打算？"刘銮英是菲律宾归侨，与秀若同在集美学校学习，是她的知心好友。銮英温文尔雅，办事稳重，两人性格不同，但秀若待她像亲姐妹一样，所以她俩有什么事都要彼此商量。

"若姐，我听人说上有天堂，下有苏杭，那里风景优美，你我到杭州找一所学校读高中，也顺便欣赏苏杭美景，怎么样？"銮英说。

秀若正愁找不到个好去处，听銮英提到杭州，便用力地拍了拍銮英的肩膀，大喊一声："好，去杭州！"

回到家后，秀若把这个决定向母亲说了。

"阿姆，我想到外面继续读书。"

"去哪儿读？和谁一起去？"陈茶关切地问道。

"外省杭州，你放心啦，有銮英做伴。"看母亲一脸的不安，秀若安慰道。

陈茶端详着眼前这个野性十足的女儿，知道她已经长大了，她决定了的事旁人难以阻止。

秀若看到母亲眼里泪花打转，再看看母亲满头的白发，想到父亲长年不在母亲身边，弟弟又年幼，一阵心酸，便搂着母亲的肩膀，说道："我外出几年，以后哪里也不去了，回家陪你。"

陈茶知道秀若去外省读书已成定局，她经过几天的感情斗争，最终决定在自己有生之年向秀若讲明她的身世。

一天下午，她将儿子支开，把秀若叫到面前。

"阿秀，我有件事今天必须说给你知道，你可不准哭啊……"话还未说完，陈茶眼圈已红了，继而不断地长叹。

陈茶一五一十地把秀若的身世和盘托出，秀若静静地听着，未等母亲讲完，她已哭成泪人。陈茶也心如刀绞，她搂着秀若，母女俩号啕大哭。

秀若不停地问："他们为什么要丢弃我？"陈茶边抹着泪边说："阿秀，你不要埋怨你的生身父母，世上哪有父母不疼爱亲生骨肉的？他们一定是遇到了什么难处。"

在接下来的日子里，知道了身世的秀若开始寻亲。她前往塔口庵一再打听，还在沿街的几处人流多的地方贴了启事。将近一个月过去了，音讯全无，秀若只好作罢。

1934年2月，厦门码头。秀若怀着身世之苦楚，告别了可怜的母亲，牵着銮英的手，登上了前往杭州的轮船。

经过几天的海上航行，秀若和銮英终于踏上江南秀美之地——杭州，入读西湖边的浙江省立杭州女子高级中学。

秀若与銮英到达后的几天，尽情饱览了杭州的美丽风光。她们畅游六和塔、雷峰塔、虎跑泉、西泠桥、灵隐寺，泛舟西湖，听断桥传说，谈苏东坡诗词，游玩的快乐使秀若暂时忘却了离别家乡的

南宋中兴四将，左三为岳飞。

伤感。

　　因学校距西湖不远，每到晚饭后，秀若就到西湖边漫步。有一天，她发现西湖西北角有座庙，总有许多人专程前去烧香。

　　这庙里供奉的是哪个神仙菩萨？秀若很好奇，便走过去观察。刚踏上庙前石阶，她就望见"岳王庙"和"精忠报国"这几个苍劲有力的大字。

　　她马上想起在集美学校读书的时候，历史老师讲过岳飞抗金的故事。那首《满江红》她记忆犹新，"壮志饥餐胡虏肉，笑谈渴饮匈奴血"的豪迈词句在她耳边回响。

　　联想到中华民族的现状，秀若觉得自己找到了人生楷模，她仿佛看到自己如同岳飞一样，带领千军万马，在战场上与敌人英勇拼杀，何等威风！

　　从此之后，秀若一有空闲就去岳王庙，在岳飞像前静静站立，凝视殿上岳飞草书手迹"还我河山"沉思，同学们都笑说秀若被岳

飞勾去了魂。

秀若多次对同学说，将来要像岳飞那样带领士兵为国杀敌。同学都不以为然，甚至嘲笑她说："你一个弱女子，竟想干男人做的事，打打杀杀，太天真了吧！""还是赶紧找个好婆家嫁了，别再做你的英雄梦了。"

面对同学的冷嘲热讽，秀若不但不生气，还放出硬话："你们等着瞧，我秀若说到做到！"

一位同学见她如此坚定，就半带玩笑地说："你有本事就去学秋瑾，英勇就义给我们看。"

"秋瑾，她是谁？"秀若第一次听到这个名字。

在了解了秋瑾的事迹后，秀若为这位女侠的革命豪情所倾倒，她心中已定下了自己的奋斗目标。

一天黄昏，她独自来到西泠桥南一座不显眼的墓地。墓地四周几棵柏树掩映，有些冷清。那是秋瑾之墓。面对女侠墓，秀若轻声地念起她的诗句："危局如斯敢惜身？愿将生命作牺牲。好将十万头颅血，一洗腥膻祖国尘。"秀若久久沉默着，在心里无数次重复"一洗腥膻祖国尘"，不觉日已西沉。

在杭州将近半年的时间里，秀若最常去的地方就是这一庙一墓，她那颗年轻的心里已鼓荡着英雄的血液。

辛亥革命先烈秋瑾

第二章 奋进的青年

知识小链接

岳 飞

岳飞（1103—1142），字鹏举，宋代抗金名将，著名军事家、战略家、书法家、诗人。

岳飞率领的岳家军，是一支令金人闻风丧胆的劲旅，当时在金兵中流传着一句话："撼山易，撼岳家军难。"南宋绍兴十年（1140），金军攻宋，岳飞挥师北伐，先后收复郑州、洛阳等地，又于郾城、颍昌大败金军，进军朱仙镇。皇帝赵构、奸相秦桧却一意求和，以十二道金牌令岳飞班师。1142年1月，岳飞因莫须有的罪名，与长子岳云和部将张宪同被杀害。

秋 瑾

秋瑾（1875—1907），自称鉴湖女侠，浙江山阴（今绍兴）人，近代民主革命志士，第一批为推翻腐朽的清政权和数千年封建统治而牺牲的革命先驱。曾自费东渡日本留学，为辛亥革命做出了巨大贡献；提倡女权女学，为妇女解放运动的发展起到了巨大的推动作用。

1907年，秋瑾与徐锡麟等组织光复军，拟于7月6日在浙江、安徽同时起义，事泄被捕。7月15日从容就义于绍兴轩亭口，年仅32岁。

第三节　作文 105 分

【导读】

　　李林离开杭州辗转来到上海求学，她目睹了国家遭受列强侵略的惨状，也看到人民反抗的力量，她的人生在这里发生了巨大的转变，她找到了实现报国理想的途径。

　　通过阅读本节，我们能够懂得，环境对一个人的影响有多么重要。

　　九一八事变爆发后，日寇占领了东北三省，为了实现征服整个中国的企图，不久把战火烧到长城脚下，向山海关内逼近。

　　中国国民革命军第二十九军军长宋哲元率部在长城古北口、喜峰口与日军展开了多次激战，吉鸿昌也在察哈尔坚持抗战……时局越来越紧张，但杭州依旧歌舞升平，感受不到弥漫的硝烟。

　　一天，秀若读到一首七绝古诗：

　　　　山外青山楼外楼，西湖歌舞几时休？
　　　　暖风熏得游人醉，直把杭州作汴州！

　　这是一首讽刺南宋小朝廷的诗，秀若读完，心里猛然一惊——七百多年前，金兵侵占中原，南宋偏安于杭州一隅歌舞升平，成为历史的大耻辱。眼前的杭州，不是历史情景的再现吗？秀若心里一阵阵酸楚，不断地问自己：前方将士正与侵略者进行生死搏斗，而我却天天陶醉在这优美的景色中，这是我想要的生活吗？

　　1934 年 7 月，学校放暑假，秀若对好友銮英说："我们转学吧，到上海去。"

"刚来才半年多，就要转学？"銮英对秀若的提议感到不可思议。

秀若说："我在这里，学不到想要学的东西。如今国难当头，看看这里的人们，只顾享乐，你我继续待下去，都将成亡国奴！"

秀若目光炯炯，接着说："上海是国际大都市，在那里我们可以及时了解时局的变化，而且那里有很多不同党派的革命组织，能够帮助我们寻找到救国的道路。"

秀若又给銮英分析了日本侵华的形势，表明了自己的人生追求。銮英经不住秀若一再劝说，也深受秀若的爱国情怀触动，就同意了。

离开杭州之前，秀若约銮英一同前往岳王庙和秋瑾墓，做最后的瞻仰和凭吊，就像是去向老朋友告别。

在从秋瑾墓返回的路上，秀若想出了一个能把秋瑾带在身上的主意。她动员銮英，两人特地订制了两件"秋瑾装"：灰麻卡其布的料子，齐到脚面的长袍，脚蹬一双男式方头皮靴。她们就这样以不男不女的派头，大摇大摆地走进了上海小姐们的视野。

1935年春，樱花盛开的上海爱国女中校园，开学第一天，许多穿着时尚的上海妇女送孩子上学。忽然，人群里传来一阵讥笑声：

"哪儿来的两个怪物？"

"瞧，那个……脸黑得像包公！"

秀若和銮英身穿秋瑾装走进学校，引来众人一片惊讶的目光。尤其是秀若，她更为另类，那时上海女人流行烫发，她偏偏剪了个男式头，还留了个中分，加上黑不溜秋一张麻脸，格外显眼。

秀若毫不在意旁人异样的眼光，挺胸阔步走到训育主任面前，说："我叫李秀若，从杭州转学来的，向您报到！"

开学后不久，一场校园篮球赛改变了同学们对秀若的最初印象。

秀若在场上勇猛拼抢，投篮个个命中，她高超的球技让许多女

上海爱国女中篮球队队员李林（后左二）

生惊叹。在激烈的对抗中，一个女生投篮时身体倾斜，重心不稳，落地时崴了脚，连连喊痛。人们围上去，却不知如何是好。

这时，秀若大喊一声"闪开"，冲入人圈，扶起那位女生。她身子一蹲就将伤者背起来，三步两步送到校医室。

眼前这一幕，让大家发现这位长着苹果脸、结实而黝黑的女生很不一般。

秀若热情、正派、乐于助人，很快，上海小姐们对她产生了好感。她在女生中建立了威信，不到半年时间，就新增了许多好友，其中来自四川合江的姑娘贾唯英和她最为知心。

上海爱国女中位于上海静安区白克路（今凤阳路）登贤里。李秀若走出学校大门，时常看到日本工头和浪人大摇大摆地在街上横行，甚至欺负中国平民的情景。这和她在印尼所看到的荷兰人欺负华人和印尼土著的情形完全一样，她比其他任何同学更感到触目惊心。

第二章 奋进的青年

29

有一天，秀若和几个同学路过市政府大门口，她两眼直勾勾地瞪着站岗的日本士兵，然后对同学们说："早晚要让这群王八蛋滚回他们岛国去，看他们能横行多久！"

还有一天，上作文课之前是绘画课。同学们刚刚展开绘画本，正要开始素描练习，突然传来一阵日军演习的枪炮声，教室的墙皮被震落一大片，许多同学抱头惊叫。

枪炮声过后，老师和同学们吓得全无作画的兴致。秀若怒火中烧，她将画笔一掷，拍案而起："这还成什么国家！"

在后面的作文课上，秀若握着笔陷入深深的思考中，从刚刚发生在教室里的情景联想到中华民族经历过的危难，联想到中华优秀儿女如何抛头颅、洒热血，联想到花木兰、岳飞、郑成功、秋瑾……一个个英雄志士的形象闪现在她的脑海里，她抑制不住内心的激动，挥笔写下了《读〈木兰辞〉有感》。

秀若的语文老师李天行先生读了这篇作文，深受震撼，击节赞赏，破例给了105分。在这篇作文中，有两句诗流传不朽：

甘愿征战血染衣，不平倭寇誓不休！

> **知识小链接**
>
> ### 花木兰
>
> 花木兰最早出现于叙事诗《木兰辞》中，该诗约作于南北朝时期的北魏，最初收录于南朝陈的《古今乐录》。花木兰一直是一位受中国人尊敬的女性，尽管她的姓氏、籍贯等史书并无确载，但她代父从军、击败入侵者的故事却流传千古。1998年，美国迪斯尼公司将花木兰的故事改编成了动画片，受到了全世界的欢迎。

第四节　创办平民夜校

【导读】

陈嘉庚被毛泽东誉为"华侨旗帜，民族光辉"，他一生爱国兴学，投身抗日救亡运动，其精神影响着一代又一代的人们。李林就是一位"嘉庚精神"的实践者，她在上海求学期间，创办了平民夜校。

通过本节内容，我们可以更加深入地认识李林的一腔爱国情怀和报国之志。

　　上海是中国共产党的诞生地，当时在上海活动着许多中国共产党领导的进步组织，如"社联""左联""教联""学联"等等。其中在社联里，有一个叫方铭的女孩子，她是秀若的同学和好友。

　　通过方铭，秀若开始大量接触进步书刊，了解新思想、新潮流，她对国家民族救亡图存的方向和途径越来越明确了。她逐步产生了对共产主义、社会主义的兴趣，积极参加了上海地下党组织发动的一系列活动。

　　一天傍晚，秀若正认真地读书，忽然窗外传来邮递员的声音："李秀若，电报！"

　　秀若接过电报打开一看："母病危，速回。"秀若大惊，立刻收拾行李，和唯英告别。

　　原来秀若的养母陈茶自春节后不小心着凉，引发肺部感染，导致咳血，治疗了一个多月仍不见好转，且愈发严重，多次昏迷。秀若的弟弟急忙发报，叫秀若赶回家见母亲最后一面。

秀若一路急赶，到家时母亲已奄奄一息。秀若一头扑在母亲身上，哭喊着："阿姆，我回家了，我是阿秀……"

陈茶听到秀若的声音，慢慢地睁开眼睛，直直地看着秀若，露出了浅浅的微笑，然后断断续续地说："我走后，照顾好弟弟。"

秀若抚摸着母亲的手，含着泪一边点头一边说："阿姆，你放心。"陈茶又指了指身旁的小盒子，对秀若说："这里面的东西都是留给你的。"

秀若尽心尽力地伺候母亲，但药石无效，几天后陈茶病故。秀若料理完母亲的后事，带着母亲留下的1200元光洋和约一斤重的黄金首饰，回到上海读书。

返校后不久，李秀若和贾唯英成功竞选为学生会干事。

旧上海是个国际大都市，十里洋场，灯红酒绿。很多同学整日沉迷于醉生梦死、花天酒地的生活，对此秀若觉得非常失望。

一天晚上，她约贾唯英一同前往黄浦江码头。她对唯英说："来到码头，看到那些面黄肌瘦、破衣烂衫、扛着沉重的大木箱直不起腰来的码头工人，才会清楚我们该为这个国家做什么。"

一路上，秀若和唯英还看见高楼大厦下，一帮帮乞丐时不时向路人哀求乞讨，心里五味杂陈。

在回校的路上，一个穿着短裤、赤着背的黄包车夫见到她俩，

在上海爱国女中读书期间的李林

用哀求的口吻问:"两位小姐,坐车吗?"

"大伯,我俩不是什么小姐,还在读书呢。"秀若不好意思地答道。

"你俩真是命好啊,家里能供你们读书……"车夫悲叹道。

秀若关切地问:"大伯,您家里几个孩子?可都读书吗?"

"哪有读书的钱呀。前年在江湾那边办起来个晏阳初平民学校,是不要钱的,我的闺女读过一个月……可是,路太远,孩子坐车坐不起;走路去,到那儿都快下课了,读书的事只得拉倒了。"

晏阳初平民学校?李秀若听到这个名字若有所思。下车时,她特意要了车夫的住址,还多给了他一些车费。那个车夫激动地说:"闺女,你是个好人,将来会有好报的。"

回到宿舍后,秀若一直回想着黄包车夫的话。她想起路上看到的乞丐、码头上的工人,想起曾经路过日本纱厂,目睹同胞遭受日本工头搜身欺辱的情形。她又想起了亲爱的父亲和她就读集美学校时的校主陈嘉庚先生,他们为了让穷苦家庭的孩子能够读书,都倾资办学。她想起陈嘉庚先生说过的一番话:"民智不开,民心不齐;启迪民智,有助于革命,有助于救国,其理甚明。"想到这儿,秀若眼前一亮,她知道自己目前最要紧的是做什么事了。

第二天一大早,秀若就去找贾唯英和方铭,兴奋地说:"我想创办学校,你们来帮我吧。"

"办学校?怎么办?在哪儿办?"唯英一脸茫然。

方铭也有些疑惑:"这种事情我们从来没做过,靠我们几个人行吗?"

"我们可以用学生会的名义组织一个平民夜校,能招收几个人,就先教育几个人。扩大影响后,再扩大招生规模。"秀若自信地说,"你们看晏阳初先生,他老人家起初不也是一点一点做起来的吗?现在全中国都有了影响。"

秀若的一席话让唯英和方铭有了信心，于是一起去找校方，寻求支持。秀若向校总部主任讲了自己的想法，然后从容不迫地强调办校的意义，她说："办平民夜校，使教育惠及平民，也是爱国女中的功德啊！"

校总部主任被秀若的满腔热忱所感动，笑着说："这大功德让你们几个毛丫头抢喽！"他当即指定一间闲置的会议室，交给秀若她们作为平民夜校的教室。

方铭把秀若准备在上海爱国女中办夜校的事向社联汇报，胡乔木、陈延庆等社联成员告诉秀若，组织上会全力支持，同时强调："办平民夜校，除了多一个人识字、学文化之外，我们还可以摸索出一套教育平民的经验，将来在更大的范围内推广和应用。"社联组织指示：你们在平民夜校上课要进行抗日教育，要宣传共产党的革命主张。

有了好友的支持，有了教室，又有了社联组织的相助，秀若对办学信心满满，于是着手进行一系列准备工作。她请社联的陈延庆担任名誉校长，自己负责招生工作兼做教员，又拉来社联成员黄丽佩、周桂芳做教员。因黄、周二人是上海本地人，请她俩用上海话讲课，可起到吸引学员的作用。

秀若还制订了招生的原则：不分男女，专招穷人。为了办好平民夜校，秀若还约了黄丽佩、周桂芳等好友三次到晏阳初平民教育学会求助、求教。

晏阳初

秀若第一次来到"平教会"，学习了平教会实施的晏阳初先生的教育主张。针对中国农村"愚、穷、弱、私"这四个主要问题，平教会采取了相应的教育措施。比如，通过文化、艺术教育和普及科学知识使人们摆脱愚昧无知；通过卫生健康教育，普及医疗保健知识来解决民众体弱多病的问题；等等。

秀若第一次到平教会学习，就学到了许多知识。在从平教会返回的路上，秀若对一同前往的好友说："有了晏阳初先生这么好的引路人，还担心办不了夜校吗？假如我们能把夜校办好，我们的国家和民族就大有希望了。"

从平教会取经回来，秀若清楚了办学的方向和宗旨。她马上开始招生，在学校大门口张贴了招生启事，发动学生会成员向路人发放宣传单，但几天过去了，竟然没有一个人前来报名。秀若大惑不解，又专程到平教会寻求解决招生困难的方法。

平教会的同志热心地告诉秀若如何到民众家庭中进行动员，做好思想教育宣传工作，这一番传授使秀若茅塞顿开。她回来后，立即约上唯英，到学校周边的工人棚户区挨家挨户做动员。

她们还来到那晚街上遇到的黄包车夫家，黄包车夫一眼认出了她俩。他听说李秀若她们在办夜校，高兴得手舞足蹈，伸出大拇指夸奖道："你们真是大好人哪，把闺女送到你们学校，我放心。"

黄包车夫还热情地带她们去一家一家地动员，那些贫穷而可怜的工人听了秀若她们的话，都将信将疑，问道："姑娘，读书真是免费的吗？"还有些工人对子女的教育根本不重视，他们说：

"饭都吃不饱，还读什么书？"

"我家大妹要在家带弟弟，哪有时间读书？"

"读书有啥好？能改变我们的家庭生活吗？我们还不是一样的穷光蛋！"

秀若耐心地向这些工人解释："我们办夜校，就是要帮助那些没钱上学的孩子接受教育。"并向他们说明教育的重要性，"你们的孩子如果没有文化，将来就还是和你们一样贫穷，还是受人欺辱。"秀若真诚的言语感动了很多家长。

秀若回校后，把从晏阳初平教会学到的经验，传授给其他几个同学。她把动员对象做了分类，然后从动员对象各自实际情况出发，一人一法，一家一论，一生一讲。功夫不负有心人，第一期夜校招到了36名学生。

平民夜校办成了，秀若又遇到了教材问题，她第三次求助平教会。平教会了解了她们的学生状况后，表示无偿提供16种教材。还有几位学生实在无法来校读书，秀若根据平教会的指点，带着部分教材上门送学。

平民夜校的学员大多是纱厂女工和黄包车夫的子女。面对这些贫困的学员，秀若每上一次课就难过一次。她对学员的家庭情况不仅详细地登记了解，还要进行家访，学员家庭中遇到这样或那样的困难，她都想尽办法解决。

因为办夜校，秀若花光了从家里带来的1200元光洋，最后不得不把母亲生前留给她的金银首饰变卖，资助夜校困难的学员。由于她的辛勤付出，夜校学员不断增加，并且与她建立了亲如兄弟姐妹的关系。

办夜校也让秀若发现了一个严重的问题，民众对国家民族的危亡认识不足或反应淡漠。因此，秀若在进行文化教育的同时，也对平民进行了救国救民的启蒙教育。

一天夜晚，夜校教室里传来抗日的口号声和歌声，惊动了学校训导处，他们前来干涉，说："你们办夜校教文化是可以的，怎么喊起口号了？""这里是学校，不是搞革命造反的。"秀若挺身而出，说："日本人的大炮把学校的墙垣都轰平了，我们喊喊抗日口号，犯什么罪？"校方被秀若问得无言以对。

平民夜校坚持了将近一年的时间,后因秀若离开上海到北平求学而中断。

知识小链接

晏阳初

晏阳初(1890—1990),四川巴中人,世界著名平民教育家和乡村改造奠基人,被尊称为"世界平民教育之父""真正的哲学家和人道主义者"。

晏阳初认为当时中国的大患是民众的贫、愚、弱、私"四大病",主张通过办平民学校对民众首先是农民进行先教识字,再实施生计、文艺、卫生和公民"四大教育"。著有《平民教育的真义》《农村运动的使命》等。

第五节　改名李林

【导读】

北平，这座历史古都，迎来了李林这位特殊的人物，它将给李林的命运带来怎样的改变呢？

通过本节学习，我们将了解李林是如何经受党组织的各种锻炼和考验，光荣加入中国共产党，并走进轰轰烈烈的抗日斗争队伍的。

1935年12月9日，北平爆发了轰动全国的"一二·九"学生爱国运动。

这时候，秀若被选入上海爱国女中的学生自治会，她决定组织全校学生到江湾的市政府门前请愿，声援"一二·九"运动。

秀若对学生自治会主席说："我提议，立刻动员全校同学像北平学生一样向政府请愿，向日军示威！"秀若的提议激起群情，大家纷纷表示赞同。

19日，天未亮，爱国女中的学生早早集合在校门口。

"跟我来！"秀若高喊一声，众学生就跟随秀若出发。秀若和好友贾唯英、刘銮英三个走在游行队伍最前面，一路行来，不停地喊着口号，散发传单。

游行队伍行进到外白渡桥，遭遇政府军警阻拦，秀若挥舞手臂，高呼："同学们，不要怕，冲上去！"听到这一呼，同学们情绪高涨，队伍像一把利剑反复刺向警察，冲破了几道封锁。游行队伍集中到江湾的市政府门前，教育局长潘公展出面会见请愿学生，表示绝对

保护上海爱国学生运动和言论集会的自由，并接了请愿书。

"一二·九"声援活动之后，李秀若和贾唯英在活动中的突出表现，引起了上海中共组织的注意。

1936年2月，秀若加入了上海中共组织改建的抗日救国青年团。"三八"国际妇女节到来之际，秀若发动了一些青年学生参加游行，这场大游行的照片登上了上海的著名杂志《妇女生活》第二卷第三期封面，题为《上海的"三八"》。

1936年3月8日，李秀若等同学参加史良等组织的"三八"妇女节纪念大会和游行。

接着，"五一""五四"，还有"五卅"纪念日——在"红五月"里，集会游行一场又一场，革命热潮一波又一波，当局的镇压加剧了，学生被捕或被打伤的事件时有发生，而李秀若是每场活动的主角。

在这年暑假，上海学联组织了全市大中学生暑期环县区抗日宣传团，举行轰动上海的浩大活动。在松江县，游行队伍与当局发生激烈争执，秀若大声怒斥军警："你们不要为这无能的政府卖命，团结起来，共同抗击外来侵略！"然后发表演说。许多军警被这位女子的勇敢与正义所感动，纷纷放下手中挥舞的棍棒。

"发表演说的那个黑脸女子是谁？派人给我调查。"当局头目气急败坏地命令特务，"把领头的那几位统统抓起来！"军警特务把注意力全部集中到核心人物李秀若身上，他们冲过去抓住秀若，强行把她押送回上海。

回到学校的第三天，校方迫于当局压力，无奈做出了开除秀若和唯英的决定。中共上海地下党建议她们转校，暂时不要离开上海，同时表示要介绍她们加入共青团。这是党组织对她们工作出色表现的肯定和慰勉。

但是，李秀若和贾唯英并没有接受组织上的安排，因为她们已有了另一番打算。

秀若对唯英说："咱俩上北平去，好不？"

此时的秀若思想日渐成熟，她非常向往北平，那里是五四运动的中心和"一二·九"运动的发源地，她要到那里寻找"最深刻最彻底的革命"。贾唯英一听去北平，二话没说点头答应，因为她二哥的一位朋友在北平，正是中共地下党员。

打定主意后，秀若很兴奋，她想到自己即将迎来一个崭新的天地，很想换一个崭新的名字。

"我这个名字不符合我的个性，你看，改个什么名字为好？"高慧芳和秀若是知音，所以秀若就和高慧芳商量起来。

高慧芳想起两个月前她们一起看《列宁画集》时，秀若非常敬佩列宁，就灵机一动，建议道："你不是很敬佩列宁吗？就用列宁的中文译音，再结合你的姓，叫'李林'，怎么样？"

秀若一听，高兴地说："好，李林，就叫这个名字！"

1936年7月5日，李林和好友贾唯英登上了上海招商局的一艘邮轮。李林站在甲板上，望着渐渐远去的上海，望着黄浦江水滔滔东流，心潮澎湃，目光坚毅，她已经做好了面临更艰巨挑战的准备。

　　经过三天的海上航行，李、贾二人在天津登岸，改乘火车抵达北平。接待她们的是贾唯英二哥之友覃友吾。覃友吾到前门车站迎接，把她们领到地安门沙滩东街，走进一个名叫大学夹道的小巷，在一间小公寓里把她们安顿下来。

　　"友吾，你知道北平的进步组织在哪儿吗？我要找到他们，我们在上海已经加入抗青团了。"李林刚落脚，就急忙打听。

　　覃友吾则慢悠悠地说："不急，北平是个千年古都，有很多名胜古迹，你们先游览游览再说。"

　　李林干着急没办法，就对覃友吾说："好吧，这几天我们四处走走看看，你抓紧时间，尽早与组织联系。"于是李林和唯英一连几天游览了周边景点，还登上了向往已久的八达岭长城。

　　站在长城上，李林眺望着蜿蜒起伏的群山，心潮翻滚，无法平静，想到自九一八事变日寇占领东北三省后，日寇的铁蹄又一步步践踏到长城脚下，中华民族已到了生死存亡之际，怎不叫人心碎！李林带着一丝伤感默默走下长城。

　　几天后，覃友吾拿着两份表

1936年7月，李秀若改名李林。7月下旬，李林就读于北平私立民国学院政治系；12月参加中共组织的声援上海"爱国七君子"万人大游行，担当旗手。

第二章　奋进的青年

格,来请李、贾二人加入中共外围组织"民先"(民族解放先锋队)。

9月,李林和贾唯英分别进了各自的学校。唯英选择了北平的两吉女中,李林则入读了北平私立民国学院政治系。进入民国学院后,李林的"民先"关系就被转到学校的"民先"组织中。

不久,李林见到了民国学院的"民先"领导人吕光,她问的第一句话是:"为什么北平的学生运动还不如上海活跃?"

吕光闻言,像个大姐姐一样宽厚一笑,向李林详细介绍了北平学生运动的全面情况,然后意味深长地说:"罢课、游行、示威,是学生运动的最高形式,不可以随便采用。"看着一脸茫然的李林,吕光慢慢地向李林说明目前组织上的要求:着重纠正前段时间党内"左"倾路线,保存革命力量,减少不必要的牺牲,团结一切可以团结的力量,建立广泛的抗日统一战线。吕光又接着引导说:"小李,你还年轻,有些事你还得多观察多学习。我们正在总结'一二·九'运动的教训——游行示威多了不一定是好事,少了也不一定是坏事。"

听了吕光一番话,李林隐隐感觉到自己的满腔热血需要冷静下来,要进一步了解革命形势,学习革命理论。

1936年11月12日,国民革命军第二十九军军长宋哲元率全部将领和两万多士兵在河北固安县进行秋季演习。北平学联和清华、燕京等校派出600多人的代表团,风尘仆仆前往现场参观、慰问、献旗。李林作为学生代表走进兵营,看到士兵们的飒爽英姿、昂扬的战斗精神,内心激动万分,她深信自己有朝一日也会成为抗日大军的一员。

1936年,是不平常的一年。抗日名将傅作义在绥东抗战,取得了百灵庙大捷。百灵庙大捷是中国军队自1933年长城抗战以来取得的唯一一次完全胜利,全中国为之振奋。

爱国"七君子"

11月22日深夜,也就是百灵庙大捷之日前夕,发生了"七君子"事件。国民党当局以"危害民国罪"在上海逮捕了沈钧儒等七位抗日救国会领袖,事件引起全国各界人士的震惊和愤慨,由此引发了全国大营救、大声援。

李林坐不住了,找吕光说:"'左'倾的游行示威不是很对,但现今情形,一边是军队抗战大胜,一边是政府逮捕抗日救国会的领袖,我们怎能不吭声?怎能麻木不仁?"她越说越激动,"我强烈要求立刻举行一次大规模游行示威!"

经过组织的慎重考虑和研究,几天后吕光代表组织向李林宣布,12月12日北平学联将举行盛大游行,并郑重地交给李林一项重大使命:"我们的游行队伍很浩大,需要一面红旗做前导,更需要一名勇敢的同学做旗手。大家都认为你最合适,你愿意不?"

"我愿意！"李林二话不说就答应了。

"这可是个庄严而又危险的任务……"吕光特别强调说。

"我不怕，请相信我！"李林充满信心，目光坚定。

12日，北平学联发表《北平市全体学生示威宣言》，全市30多所院校1万多名学生举行了大型游行示威，游行总指挥为黄敬、李昌，李林担任总旗手。李林走在队伍前头，带领学生挥舞手臂，口号声响彻北平古城的上空：

"立即释放上海爱国七领袖！"

"团结起来，把日本侵略者赶出去！"

"保卫华北，保卫全中国！"

不久，阻拦游行的大队警察出现了，警察挥动着警棍驱赶学生。

"如果我倒下，请你接过去，红旗绝不能倒！"李林叮嘱护旗的男同学。

之后，李林继续挥动红旗引领队伍前行。队伍在警察的多次驱赶下，散了之后又快速地聚集起来，紧跟红旗走。警察终于发现了红旗的奥秘，他们一拥而上，扑向李林，拼命抢夺红旗。李林舍命护旗，警棍猛击在她的头上，鲜血一滴滴落在她脖颈间雪白的围巾上，又洒在她怀中的红旗上。

经过激烈的争夺，警察抢走了旗杆，但红旗仍然被李林紧紧抱在怀里。吕光一直在远远地关注着李林，看到情况危急，她立刻亲身上前扶住李林。同学们英勇搏斗，夺回了旗杆，李林再次把红旗高高举起，将示威游行按照原计划进行到底。

在北平求学的短短几个月，经过一系列活动，李林经受住了各种困难和考验，党组织最终决定，吸收李林加入中国共产党。

1936年12月18日，李林面对马克思画像，举起了代表自己生命与灵魂的右手，进行入党宣誓。

李林入党后数日，被派往山西太原，参加山西省"牺盟会"（牺牲救国同盟会）工作。

1936年12月25日，北平前门火车站，一列即将向南行驶的列车喷吐着浓浓的气浪，两个女生搂着肩膀依依告别。

"李林……"

"好唯英，别哭了，我在太原等你，将来你也来太原，我们一起工作……"

她们谁也没想到，这是诀别。

知识小链接

"一二·九"运动

1935年12月9日，北平大中学生数千人举行了抗日救国示威游行，反对华北自治，反抗日本帝国主义，要求保全中国领土的完整，掀起全国抗日救国新高潮。12月12日，北平学生举行第五次示威游行，这是中国共产党领导的一次大规模学生爱国运动。

北平学生的爱国行动，得到了全国学生的响应和全国人民的支持，推动了抗日民族统一战线的建立。

"一二·九"运动游行队伍

宋哲元

宋哲元（1885—1940），著名抗日将领。1933年1月1日，日军攻榆关，热河危急。2月18日，宋哲元通电全国，决心抗击日军，奉命开赴北平附近参加长城抗战，任第三军团总指挥，防守冀东。宋哲元部赵登禹、王治邦旅之大刀队，夜袭喜峰口外潘家口附近日军一个炮兵中队，大获全胜。喜峰口大捷的战绩轰动了全国，对全国人民起了激励作用。长城抗战结束后，二十九军大刀队名扬天下，宋哲元等将领成为抗日英雄。

1935年，以喜峰口血战为背景创作的《大刀进行曲》唱遍了全中国。

宋哲元

第三章　战斗的日子

第一节 抗日的"花木兰"

【导读】

"唧唧复唧唧,木兰当户织……"古代的花木兰已是家喻户晓,抗日的"花木兰"你又知道多少?

本节内容带你了解,李林是怎样谢绝组织的照顾,主动请缨毅然走上抗日最前线,成为抗日的"花木兰"的。

七七事变后,日军进逼晋东北,战争阴霾笼罩三晋大地。

天镇失守,日寇向高阳进犯,高阳与大同唇齿相依,大同吃紧,然而阎锡山部队却源源不断地向南撤退,整个大同人心惶惶。

而这个时候,大同城东南御河东岸的小南头村,已然成为人们看到希望的地方。由李林具体负责筹备的雁北十三县"牺盟会"特派员会议正在这里热烈地进行。

参加会议的人,个个精神饱满,纷纷发言。会上,李林放下笔记,站起来坚定地说:"同志们,今年八月,我们共产党领导的工农红军主力部队改编为八路军,开赴华北抗日前线。党指示我们深入敌后,发动和武装广大群众进行抗日游击战争。现在日寇进犯高阳,眼看大同也要失守,而阎锡山的军队却节节南撤,大好的河山一大片一大片地落入敌手。收复失地要靠谁?只能靠我们自己!靠我们去发动群众,建立自己的武装,开展游击战,去消灭敌人。我们就用血肉之躯,建立抗日根据地,决不让日寇占领我们的一寸土地!我们一定要把日寇赶出中国去!"她两眼喷射着仇恨的火花,大声高喊,

"打倒日本侵略者！将日寇赶出中国去！"

在场的人都被眼前这位年轻的女子所感动。大敌当前，有多少大男儿退的退，逃的逃，哪有像她这样的年轻女子，如此慷慨激昂，如此不怕牺牲。听了李林的话，大家都热血沸腾，跟着她振臂高呼。

9月12日，大同失守。不久，省委和"牺盟"总会传来调令，调大同中心区的同志撤回太原等待分配工作。

命令下达，李林只能随同其他人员撤回，途中经过雁门关。雁门关和宁武关、偏关号称山西境内长城三关，此时秋风萧萧，黄尘飞扬。李林登上雄关远眺，蜿蜒的大路上尽是一队队撤退的阎锡山部士兵和一群群逃难的百姓。这幅国破家亡的惨景，使她内心痛苦到极点。

这天，李林情绪激昂地给中共中央妇女运动委员会写了一封信：

……这大好的河山难道就这样白白地丢给日寇蹂躏？母亲患难的时候，难道做女儿的就这样默默地走了？我要像大雁一样重返北方！

……我不明白为什么要退回来，我什么时候会再出雁门关？

傍晚，李林欣喜地遇到了一行人。这行人的领导自我介绍说："我是中共山西省委派往雁北地区开展敌后游击战争的，奉命在此等候南撤的机关同志，以便统一行动。我叫赵仲池，是工委书记。你们不用南撤，跟我回雁北去，组织武装，开辟敌后根据地。"

赵仲池说完，指着身边一个文质彬彬的人介绍说："他叫梁雷，自告奋勇去当敌占区的县长，阎锡山怕地盘丢光，同意他去，还任命他当雁北游击司令哪！"说罢，赵仲池和梁雷相视哈哈大笑起来。

这个晚上，李林兴奋得彻夜难眠。第二天早晨，她昂首挺胸地跟随赵仲池再出雁门关。

但后来，形势发展起了变化。赵仲池为了早日到达雁北，做出决定，让李林和一些担负特殊任务的同志仍回太原去。

这下子，李林可急了。她知道，领导的决定必须服从，但又不愿放弃这次上前线的机会。她只能用自己的方式去争取。

李林来到赵仲池的跟前，二话不说就语气坚定地背诵起了《木兰辞》："唧唧复唧唧，木兰当户织。不闻机杼声，唯闻女叹息。……朔气传金柝，寒光照铁衣。将军百战死，壮士十年归。……"

赵仲池听了，知道这哪里是在背诵诗歌，这分明是在递交请战书。他很受感动，但考虑再三还是说："不行，在后方同样是抗日，再说你一个女同志，在前线多不方便。"

李林目光倔强而坚定，抑扬顿挫地继续背诵《木兰辞》。

赵仲池动容了，语气也缓和下来，他说："李林同志，我想听听你坚决上前线的理由。"

李林心里一震，她清楚，自己的努力没有白费。她含着泪，酸楚而悲愤地说起自己的身世。

"我不知道我的亲生父母是谁，只知道我出生在福建龙溪。我四岁随我的养父母漂泊到印尼经商，受尽了离国受辱的苦……"

赵仲池听着李林的诉说，眼眶有些湿润。他甚至不大相信站在自己眼前的是一个书生气还浓的南方女子。她背诵《木兰辞》铿锵有力，她诉说自己的身世眼含泪水，她请求上前线的决心不容置疑。

赵仲池郑重地说："李林同志，你是一个归国华侨，是个女同志。我本要照顾你，让你到后方较安全的地方去工作，但是你说服了我！我相信，让你上前线，你会成为一名坚强的战士，你会是抗日的'花木兰'！"

赵仲池的话音未落，李林便拍着手高兴地跳起来："领导，您同意了！您同意了！"

赵仲池笑着点点头。在他看来，这个时候的李林真的只是个女孩子。

　　这天下午，李林高兴地领到了一支步枪，穿上了灰色的八路军军装，精神抖擞地向赵仲池行了个军礼。她从内心体会到，自己这时才是个真正的战士。

　　之后的几天，李林和赵仲池一行长途跋涉向平鲁挺进。一路上的景象渐渐荒凉，人烟渐渐稀少，途经的有些村庄连个人影也没有，只听到饿昏的狗发出一两声低低的哀鸣。

　　行进的队伍原来还有些话语声，看到这样的情景，气氛凝重起来，大家只听到"沙沙沙"的脚步声响。大家明白，自己前进的方向会遇到怎样的困难，怎样的危险，但还是义无反顾地向前，向前……

　　队伍来到朔城一个叫滋润的地方，稍作休息。这里正有一支阎锡山的军队在撤离，见李林他们只有二三十人、七八条枪，其中还有个是女学生模样，就疑惑地问："你们是哪个部队的？"

　　新上任的梁雷县长答道："我们是雁北游击司令部的。"

　　"你们要去哪儿？"

　　"鬼子在哪儿，我们就去哪儿！"

　　对方沉默了。

李林在山西抗日前线留影

等这支阎锡山的队伍完全撤离后，李林惊奇地发现，他们原先休息的地方留下了一个军用木箱，打开一看，有几把步枪和手枪以及零散的几匣子弹。大家如获至宝，心里明白，作为堂堂的中国人，大敌当前，对于很多士兵来说，被迫后撤实属无奈。

队伍来到平鲁县城时正值中秋。这原本是中华民族团圆喜庆的节日，展现在李林他们面前的，却那么萧条冷清。听说日本鬼子就要打过来了，这里的县长、局长、官爷、太太早已坐大车的坐大车，赶毛驴的赶毛驴，烟尘滚滚，溜之大吉。

在平鲁县城坚守阵地的，是"牺盟"特派员、党小组长屈健。李林一行的到来，使他如见久别重逢的亲人。他赶快跑过来迎接他们进城到旧县衙。

"他们是谁？"过往的百姓从没见过这样的队伍，疑惑地问。

"是八路军，就是原来的红军！"有人兴奋地说。

"红军！红军来啦！"这个喜讯一传十，十传百，一时间周边的百姓都向旧县衙聚拢过来。

一个像是教书先生的老者，颤巍巍地握着赵仲池的手，热泪盈眶地说："我们以为国家不要我们了，我们要当亡国奴了。我们……我们……"

他哽咽着，突然挥起双臂高呼："红军万岁！红军万岁！"

在场的百姓都跟他高呼起来……

看到这样热烈的场景，李林搬来一条凳子，一脚踩上去，大声宣讲："乡亲们，兄弟姐妹们，我们是红军，现在叫八路军。八路军是咱们百姓的队伍，咱们在一起，一起打鬼子，一起保护我们的家园……"

在场的百姓听了这通演讲，一下子有了主心骨，热烈地鼓起掌来。他们还喊喊喳喳地议论着："她是个女的！""不，她是花木兰！"

屈健在一旁端详着这位年轻的女战士，一股钦佩和爱慕之心油然而生。

就这样，李林他们一到平鲁，一分钟也没休息，便开始接收旧政府，建立新政府，组织平鲁人民开展减租减息运动，招募新兵，组建抗日武装。

一天，梁雷县长带来了一个人，说是要投军，而这个汉子见到李林却说是归队。李林真有点摸不着头脑。

"报告，我叫王志德，是红军战士。我连队在黄河边与阎锡山的军队打了一仗，我受伤昏死过去，醒来时，已在百姓家里了。我现在好了，请求归队！"

太好了！李林心内大喜，这不是平地里捡块宝嘛！王志德的身份会有政工干部去查，他如果真是红军战士，那让他训练新兵可是顶呱呱的人才啊！

李林端过一杯水，递给王志德，说："辛苦你了，向你致敬！我提议任命你为新兵连的班长，让你训练新兵，可行？"

"啪！"王志德行了个标准的军礼。这个标准的军礼，抒发了他再次归队后无比兴奋的心情。

入夜，李林整理好床铺准备就寝，可她还没有一丝睡意。透过窗花间的缝隙，她看到赵仲池、梁雷、屈健他们那间屋子里的灯还亮着，他们的身影还不时地在窗上移动着。

回想自己从弃笔从戎到进了干部训练营，再到现在，又考虑到今后形势的发展，李林心里十分清楚，明天迎接她的将会是怎样艰苦的挑战。

此时，李林的耳畔仿佛又响起了在校时同学们一起朗诵的《木兰辞》，她轻轻地吟诵起来："唧唧复唧唧，木兰当户织……"

对战胜明天可能遭遇到的一切困难，她感到信心百倍。

知识小链接

牺盟会

"牺盟会""牺盟"都是"山西牺牲救国同盟会"的简称。"牺盟会"于1936年9月18日在太原成立，是山西地方国民党政权与共产党合作的产物，最终被中共取得控制权。"牺盟会"在国民师范举办各种抗日训练班，并成立了山西新军的第一支部队——山西青年抗敌决死队。"牺盟会"和山西新军迅速发展壮大，在山西以至华北的抗日斗争中创造了光辉的业绩。

第二节　顽皮的"佘太君"

【导读】

战争是残酷的，既要斗勇，更要斗智。通过本节学习，我们可以了解：李林走上抗日战场，杀奸除顽，勇敢机智地打击日伪，表现出了一名优秀抗日指战员的素养，顽皮的"佘太君"从此名扬晋绥。

1937年中秋，由赵仲池、梁雷率领的抗日游击队一进入平鲁地区，就积极地开展工作。就在他们接收旧政府、建立新政府、组织平鲁人民开展减租减息运动、招募新兵、组建抗日武装之际，一股暗流也在紧急地涌动着。

一天傍晚，借着灰沉的天幕，三个商人模样的家伙鬼鬼祟祟地闪进新政府大院隔壁的警察局。有个叫李树德的人早已在大厅等候，他将这三个人引到一间密室。来人中，一个站出来介绍说："这个就是李树德……"

李树德见是在介绍自己，像是狗见到主人似的，连忙对着这三人点头哈腰。

这个李树德，是这里颇有名气的土豪劣绅，曾任石楼县县长。去年春因阻击红军东渡黄河入晋奔赴抗日前线有功，受到阎锡山的嘉奖，还获得阎锡山亲笔书写的匾额一块。他害怕遭到红军反击，离开石楼跑回平鲁保命。他凭着这点资本，回到平鲁后就和县长、警察局长混在一起。听说日本兵就要打过来了，县长、警察局长吓得要逃之夭夭。李树德却异常冷静，他对县长和警察局长说："你们

尽管放心地走吧，我留下来替你们看家。"就这样，他取得了一点委托管理权，心里暗暗盘算着，这年头，有警察局里二三百号人、二三百条枪，今后自己投靠谁，这都是沉甸甸的资本。

这不，共产党领导的抗日游击队刚进平鲁没几天，日本军方和伪军司令李守信便派人找上门来了。

李树德心里掂量着：共产党太厉害了，刚来没几天，百姓的心就被他们收买了。连那个叫什么李林的女孩子，做起宣传来都头头是道。跟共产党，捞不到好处。再说，自己还欠共产党一笔血债呢。他已经打定了当汉奸的主意。

在密室里，李树德他们密谋了一条毒计——趁抗日游击队脚跟未稳，先下手为强，致游击队于死地。

然而，这一切早已在我方的监视之下了。赵仲池、梁雷、李林等人获得情报，得知隔壁的警察局有异常情况，立即召开会议。

赵仲池说："对李树德，我们要提高警惕。警察局有二三百人，就在隔壁，一旦投敌，包围我们，我们就要吃大亏。"

梁雷说："问题是他们如果没有投敌行动，我们就不能对他们采取打击。"

李林沉思着，突然眉头一扬，有点兴奋地说："他想玩，咱们就跟他玩一下。我建议，引蛇出洞，以动制动。"

赵仲池、梁雷等人不解，李林让大家靠近一点，详细地讲明自己的想法……

第二天下午，李树德得到手下人的报告，说抗日游击队今夜要撤离平鲁。他一听大喜，急忙招来警察局里的几个亲信，安排道："天一黑，你们就带着人到城外五公里处埋伏，这是进出城的必经之路。你们要对手下讲，今晚打的是土匪，剿匪是警察的职责。见到他们就打，不用问是谁。"说完，他一张油腻腻的大胖脸上泛起了得意的笑容。

入夜，按照计划，赵仲池、梁雷、李林带领着游击队离开驻地，撤离平鲁城。

城外，正有一个危险的陷阱等着他们钻，正有二三百个黑洞洞的枪口等着他们来送命。

但是，敌人的阴谋落空了。游击队出城两公里后立即分散行动。这样，若遭受打击，可将损失降到最低。大家还约定了第二天的集合地点，若无特殊情况发生，就回到平鲁驻地。

第二天，游击队员都回到了平鲁驻地。监视李树德的队员报告，李树德跑了。

李树德真的跑了，他以为自己的阴谋被抗日游击队发现了，赶紧躲到了他闺女的家中。不久，他被游击队抓获。审问他的时候，李林怒喝："当人尽干坏事，要跟鬼子，就让你当鬼去吧！"这只阴险狡猾的老狐狸，最后被游击队正法。

不久，日寇入侵平鲁、朔县等地，烧杀抢掠，无恶不作。九月底，八路军总司令朱德、副总司令彭德怀通电全国，揭露日寇灭绝人性的野兽行径。

李林他们依照上级指示向偏关转移。在内蒙古的清水河县，游击队遭到国民党地方武装"清乡队"的伏击。这是李林第一次参加实战。

敌人的枪声一响，有着丰富战斗经验的屈健急忙下令："趴下！"他机警地观察一下敌情，听到敌人只是点击发射，没有机关枪，不是正规军，就对同志们说："是地方顽敌。"尔后，他大手一挥，"以战斗队列左右散开，形成交叉火力，打！"

战士们在屈健的指挥下，快速地占领了制高点，一齐向敌人射击。

李林就伏在屈健的不远处，见屈健冷静地处理突发事件，沉着地指挥战斗，心生敬佩。

突然，李林发现有两个敌人正举枪瞄准屈健，急忙"砰砰"两枪点击。好在她平时勤学苦练，练就了过硬的本领，那两个敌人应声倒地。

屈健见状，向李林竖起了大拇指，并关切地问："怕吗？"

"不怕！"李林见其他敌人都不敢露头，笑着回答，"打这样的缩头乌龟，就当练枪了。"

共同的战斗生涯，使李林和屈健建立了深厚的革命情谊。

十月初，八路军一二〇师贺龙部宋时轮支队收复平鲁、井坪、朔县一带，声威大震。十一月初，平鲁抗日游击队建立，后改称第七支队，队长为刘华香，政治主任为屈健。

第七支队的建立，极大地鼓舞了偏关建立游击队的热情。李林自告奋勇，负责搞武装工作，并得到了赵仲池的大力支持。

在大家的共同努力下，偏关建立了第一支抗日游击队，后改称雁北抗日游击队第八支队，李林任政治主任兼游击队长。游击队的同志和当地百姓常常说她是"佘太君挂帅"。

1938年3月，春节刚过，贺龙师长率主力南下攻打同浦铁路线上的原平、高村等地，切断了大同铁路线的交通。日寇后宫师团一万多人进攻晋西北，抄袭我后方根据地。李林奉命率第八支队和特委机关撤离偏关北上。

第八支队刚组建不久，仅有百余人。队伍出发才二三十里，就与伪军李守信的骑兵打了一场遭遇战。

形势紧急，双方都没有准备。李守信想探听虚实，于是命令手下先稳住阵脚。而李林却灵活地采用反向思维，一遇上敌人，就率领战士一阵猛打。

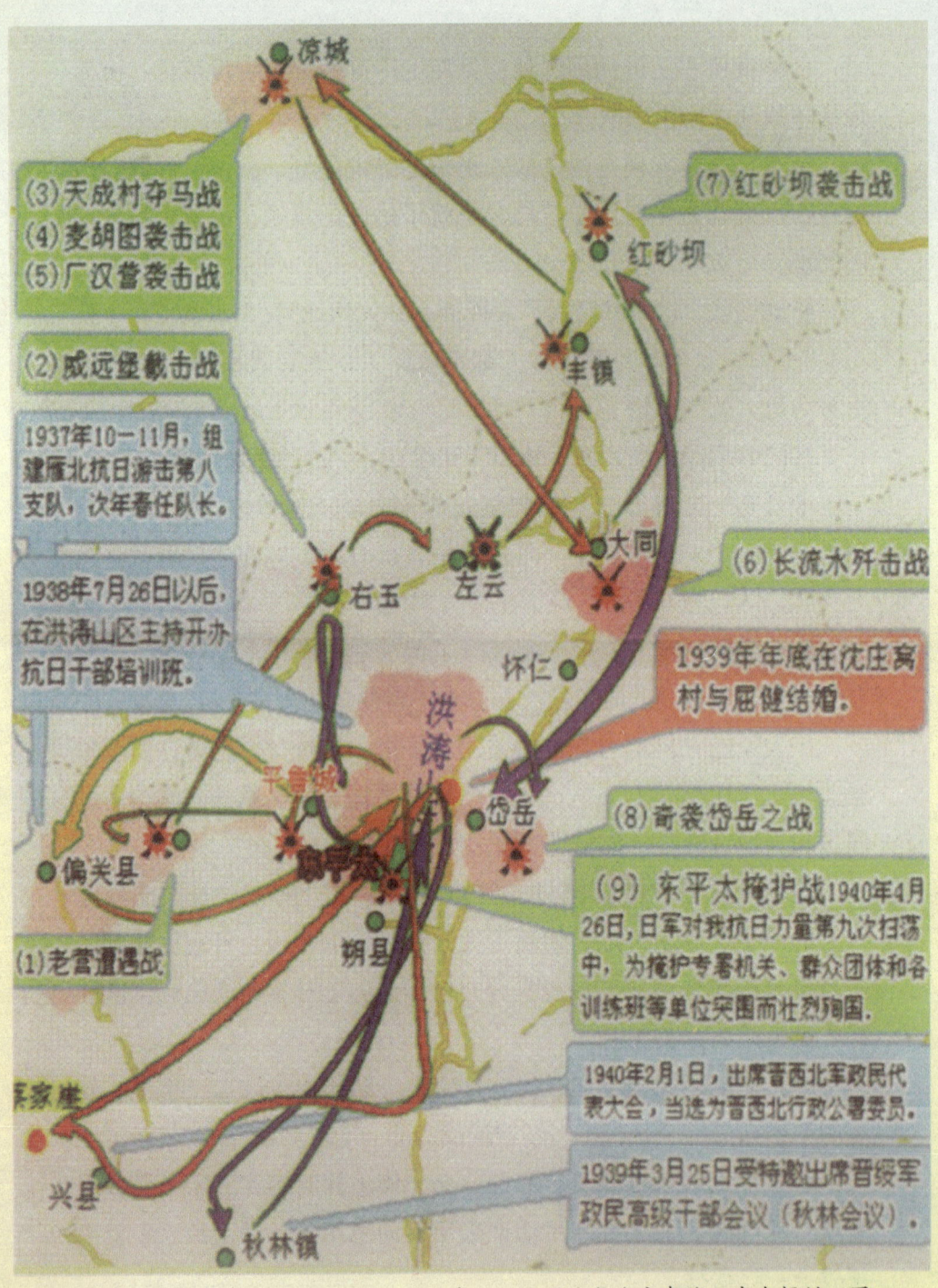

李林在晋绥边区战斗工作路线图（编者注：此图为龙海市李林研究会提供，图中字体字号及标点有不规范处。本书未做修改，保留原图。）

一阵枪响后，游击队的几颗手榴弹又在敌阵里开了花，逼得敌人赶忙后撤。等他们缓过神来，李林早已率部撤离了危险地带。

敌人也不恋战，饿狼似的直扑偏关。留守偏关的梁雷率领游击队在城外与敌人周旋。敌人对梁雷恨之入骨，用重金收买汉奸，要对他下毒手。

一天，梁雷的宿营地来了两个乞丐，一老一小，老的白发苍苍，小的断了左臂，骨瘦如柴。他俩获得了梁雷队伍的救济后，临时住在村口的破庙中，什么时候离开也没引起众人的注意。

这两个人原来已被日军收买，他们给鬼子通风报信，结果当天夜里，日伪军就精准地包围了游击队的驻地。队伍被打散了，梁雷不幸牺牲，敌人残忍地将他的首级挂在城门上。

梁雷牺牲的噩耗传来，李林和同志们悲痛万分，决心打一个漂亮仗，为梁雷报仇。

一天，队伍转战到长城要塞杀虎口附近。李林从一个老乡那里获得信息，不远处的田成村里驻着一队伪军骑兵，到处派粮派草，天天吃肉喝酒，个个醉意昏昏。

真是天赐良机！李林决定消灭这股敌人，并夺取马匹、枪支为游击队补充火力。

入夜，在昏暗的月色下，游击队悄悄地摸到田成村附近的高地上，李林亲自爬上树侦察，发现伪军骑兵队驻扎在一个土堡里，一个哨兵抱着枪，正在土堡的墙外打瞌睡。

李林已心里有数，她让王志德带着一名侦察战士迅捷地靠近土堡。那哨兵还鼾声如雷呢，神不知鬼不觉就被王志德结果了性命。王志德打开院子大门，回头招手示意同志们跟上。

游击队员们快速地潜入院子，以班为单位，分头守定每间房屋。李林一声令下，大家踢开门，先扔一颗手榴弹，再来几梭子弹。一阵轰响后，敌人蹬腿上了西天，侥幸活着的来不及穿衣服，穿着大裤衩，光着脚丫子抱头鼠窜……

不觉天色渐白，红日东升，突袭大获全胜。游击队缴获了大批枪支弹药，还有几十匹战马。战士们骑上战马，带着战利品，在胜利的欢笑中，踏上新的征程。

不久，伪军司令部收到了一封奇特的信件，上面写道：感谢你们送来一大批枪支弹药和战马。落款：雁北抗日游击队第八支队。

伪军头目心惊肉跳，他领教了李林的厉害，从齿缝间一个字一个字地挤出一句话："顽，皮，的，佘，太，君。"

知识小链接

佘太君

在民间小说、戏曲当中，佘太君这一女性形象可谓深入人心，妇孺皆知。佘太君，名赛花，北宋河北义安人，宋代名将杨继业之妻，她精通韬略，其子孙多数殉国。相传在西夏侵扰北宋边境时，她已百岁高龄，仍挂帅印，率领杨家十二寡妇征西，体现了杨家将的爱国精神。

第三节 战地干妈与保姆

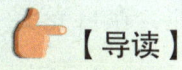

【导读】

李林作为一名抗日巾帼英雄，勇敢坚毅，但又不失女性的柔情。

通过学习本节内容，我们会了解李林刚柔并济的性情，以及她在妇女运动方面做出的贡献。

1938年7月，李林担任宣传委员、组织委员，兼管武装，主持干部训练班，创办《战斗生活报》。

七月的晋绥地区，热浪一浪高过一浪，正如当地正在兴起的抗日武装斗争。

这天，一弯新月挂在远方起伏的山梁上，营地周边的杨树株株挺拔昂扬。月光中依稀可见一座院子的门口有士兵笔直地站着，空气中弥漫着肃穆的气氛。"呱——呱——"几声夜乌的啼叫仿佛告诉人们，夜幕下的风还是热的。

院子里，干部训练班的学员们团团围着班长王志德，他们终于等到了晚餐配故事的时间。老班长身旁的位置，大家习惯地留给小铃儿。这也是小铃儿最为幸福的时候，听王伯伯讲杨家将的故事，她可以暂时忘却被日本飞机炸得血肉模糊的爸爸，暂时忘却逃难中离散的妈妈和妈妈怀里的小弟弟，暂时忘却睡梦中突然传来"快跑啊，鬼子来了"时的心惊胆战。

"那佘太君啊，"老班长说到动情之处站起来，"她高高地举起龙头拐，铿锵有力地讲，别以为杨家没人了，我佘老太婆还在！"

老班长的话音刚落,掌声响起来了,大家看到的仿佛不是老班长,而是佘太君本人。

老班长急忙抬起双手,在胸前做了一个按压的姿势,大家马上明白了,要小声点,小声点,屋子里还在开会呢。

老班长回头看了一下小铃儿,正好小铃儿也看着他,在目光交汇的瞬间,两人的脸上都荡起了轻松愉快的微笑。

老班长抚摸一下小铃儿的头,一阵酸楚涌上心头。这苦命的孩子,她的来历,他最清楚。

小铃儿是他送李林调任晋绥边委途中,捡到的又一个落难孤儿。

那天,王志德早早收拾好,天未亮就和李林出发,爬过三座山,穿过一片林,来到一条较为宽敞的道路上。若是平时,走大路比穿越山林轻松多了,但这个时候却不一样,路越宽敞越危险。

正在他俩要快速越过大道之时,李林停住了脚步,她的目光落在不远处路旁边的一棵大树下,那里有一堆像是破烂被单的东西。

李林(前右一)和她的战友

"是个孩子，老王！"她小声地惊叫起来，"是个孩子，还有气。"

王志德警觉地环顾一下四周，一个人影也没有。他走了过来，定睛一看，是个约摸六七岁的女孩。"哦哦，是个孩子，昏过去了，还活着。"

李林掏出水壶，小心翼翼地抬起孩子的头，喂她喝水。看到孩子吞下几口，她一颗悬着的心才放了下来。

"有的救，有的救！"她自言自语，"可怜，可怜……"

李林心想，这孩子的身世和自己多像啊。她咬咬因缺血而显得苍白的嘴唇，慢慢地蹲下身子，充满怜爱地伸出手臂。

王志德赶忙抢先蹲下，背起这孩子。他知道，自从李林来到晋绥抗日战场，救下的孩子何止十个八个！尽管任务在身，她自己无法亲自照顾，但只要遇到孤儿，李林都会先救济，然后找当地组织或有条件收养的百姓妥善安排，而且她每次都会说："这是我的干儿子、干女儿啊。"

王志德背着这个刚捡来的孩子，边走边对李林说："这下你又多了个干女儿了。"

"我愿意，"李林说，"就是……这样的干妈当多了，心痛。"她的眼里噙着泪，说不下去了。

这是第几个干女儿了？李林有些记不清了。她不管走到哪里，与当地的百姓都亲如一家。在她的影响下，很多妇女投身革命，离不开家的，也十分热心地为革命队伍做些事，比如纳鞋、洗衣等等。

有的妇女生了孩子后，非要让孩子认李林做干妈不可。有一年，李林带着队伍驻在东石湖，村干部张存把李林留在家里，请求说："李委员，把我们的这个孩子认在你名下吧，你给他做干妈……行吗？"李林腼腆一笑："我还是姑娘呢……"但还是同意了。

王志德看了看身边这个年轻的领导，这个未出嫁的南方女子，这个看似文弱实则坚强的女子，这个打起仗来让鬼子、伪军胆寒的战斗指挥员，谁能想到她的内心竟然有着这般伟大、温柔的母爱啊！王志德打心眼里钦佩李林，他也替这些孤儿由衷地感激这个南方来的干妈。

就这样，这个被李林亲热地唤作小铃儿的孤儿随李林、王志德来到干部训练营，一时还得不到妥善的安排，就成了干部训练营里学员们共同的孩子了。

李林的干儿子、干女儿多，她认下的干妈也多。

李林小时随养母居住在福建龙溪县城龙眼营。当时，那一带天花流行，她不幸被传染，后虽痊愈，脸上却留下了疤痕。她虽然是归侨、知识分子，但是喜欢和老百姓一样穿光板皮裤，箍羊肚子手巾，戴皮帽子。当地百姓也没把李林当外人，大家遇到难事都爱找她出主意。很多长辈还不忌讳地直呼她"李疤子"，李林大咧咧地高兴接受。

李林脚大，脚趾平齐，发下来的军鞋她穿起来总不合适，所以，李林每到一处，都有干妈们争着给她做"李林鞋"。

李林是个弃婴，她深知亲情无价，视战友如同家人。战友鲁尚明在一次战斗中不幸牺牲，李林悲悼战友之后，又专程前往沈庄窝村安抚烈士家属。

鲁尚明的妈妈王大娘早年守寡，穷困中艰难地拉扯大三个孩子。大儿子牺牲了，王大娘一夜之间白了头，但她信赖李林这个真心实意的人。第二天早上，她又把16岁的二儿子鲁尚志交给李林，说："闺女，昨天夜里我前前后后都想过了，我儿子跟上你抗日死得值。我只有一个心愿，叫二小子尚志也跟你走吧。"李林握住王大娘的手喊了声"妈妈——"，不禁热泪交流。从此，李林和王大娘不但情同骨肉，而且王大娘的家也成了抗日秘密交通站。

一天下午，李林带着通讯员来看望王大娘，尽管她化装成农妇，还是被汉奸盯了梢。她七拐八拐到了王大娘家时，发现情况危急，本能地抽出双枪，打开保险。王大娘一见，忙把李林他们两人往屋子里推。

李林不放心王大娘，说："妈妈，不行，这样你危险。"

"走，走，从屋里的地道走。"王大娘不容分说，将李林他们推进地道，并伪装好地道口，然后从容地坐等鬼子的到来。

鬼子来了，觉着事情蹊跷，就逼问王大娘。王大娘滴水不漏，鬼子被惹怒了，就用皮鞭抽打老人，还踢她的肚子……王大娘几度昏死过去，就是不开口。鬼子无奈，只好撤退。

李林看鬼子走远后，回到王大娘家，看着她的伤口痛哭不止。

"好闺女，打鬼子哪有不流血的。"王大娘反而安慰李林说。

还有一个高老大娘，也是李林的干妈。

有一天，李林和战友赵仲池等率部到右玉县下柳沟村，五十多岁的高老大娘迈着一双小脚来到驻地，问李政委来了没。

哨兵问："您有什么事？"

高老大娘笑着说："我没事，就是好久没见到她，想她！"

李林得知消息后，一溜小跑出来，搂住高老大娘亲了又亲，就如久别的母女一样。

这高老大娘是个童养媳，小时候受尽了欺凌，15岁就生了孩子，照顾一家人的生活。从小到大，二十里远的县城她都没去过。"都是命——"她相信自己生来就是为前世还债的。

自从村里来了抗日游击队，邻居劝她去听李林讲课后，她渐渐明白了，女人是可以出远门的，女人在家里有想法也可以说，女人无故被丈夫打骂可以找村干部评理……

她很高兴自己是个"人"，更高兴自己认了李林这个"干女儿"。

知识小链接

抗日民族统一战线

1931年，日本发动侵华战争，中国大片土地沦丧。在中华民族危急之际，中国共产党顾全大局，以民族利益为重，捐弃前嫌，倡导和推动第二次国共合作，最终促成了抗日民族统一战线的建立。

1937年七七事变的第二天，中共中央发布通电，号召全中国军民团结起来，抵抗日本的侵略。参加统一战线的不仅有农民、工人、城市小资产阶级和民族资产阶级，还包括除了汉奸、大地主、大资产阶级投降派以外的一切政治力量。

1937年9月22日，国民党中央通讯社发表了《中共中央为公布国共合作宣言》。23日，蒋介石发表谈话，实际上承认了共产党的合法地位。至此，抗日民族统一战线正式形成。

第四章　英雄的本色

第一节　心爱的战马

【导读】

一匹桀骜不驯的蒙古烈马，是如何成为李林胯下坐骑，成为李林"贴身的战友"，与李林一起驰骋抗日战场，从而成为杀敌立功的"战斗英雄"的？

本节内容带你从另一个角度来读懂李林。

李林率领游击队在杀虎口歼敌夺马，震惊了山西的日寇，更让伪军司令在他的主子面前大大地丢了面子。

"第八支队，第八支队！"坂垣师团的旅团长暴跳如雷，他狠狠地下令，"必须通通地死啦，死啦地！"

站列在他面前的日伪军官赶忙肃立，哈腰，颤抖不已。

就在敌人狂躁不安的时候，我们的抗日武装又有了新举措。为了统一领导雁北的抗日武装，1938年7月初，经一二〇师贺龙师长和关向应政委批准，雁北抗日游击队第八支队、第七支队和第五支队被联合改编为一二〇师雁北第六支队，支队长为刘华香，支队政委为姜胜。原第八支队骑兵成立骑兵营，营长为王零余，教导员为李林。

"我们现在成为正规军啦！"李林和战友们欢呼雀跃。

骑兵营成立之后，李林和营长王零余便把工作重心转移到训练骑兵上。一时间，训练场上马蹄声响，刀影闪亮，下达口令声，冲杀声，马的嘶鸣声，交杂一片，震动心弦。

第四章　英雄的本色

71

一天，支队长刘华香打土匪获得一匹战马，这马骨架健美，肌肉发达，威武霸气。它毛色铁青带灰，肚子上的花纹如白色菊花瓣，刘华香就依形称它为"菊花青"。

正在李林带队训练正酣的时候，刘华香牵着菊花青来到训练场。这匹马一见到这紧张热闹的场景便来了精神，"咻咻咻"的一阵长嘶，引来众人关注。

到了训练间歇的时间，营长王零余下令休息。战士们迅速向刘华香围拢过来。王零余看了菊花青一眼，夸道："哟，刘队长，有福啊！得匹天马！跑一圈，给战士们露一手，示范示范。"

刘华香话里有话地说："谁敢试？它已经摔掉五个人了。"他说着把目光落在李林的身上。

这个时候，大家也注意到了李林。

只见李林双手叉腰，一言不发地站在菊花青面前，目光炯炯地与它对视，全然不顾刘队长说了些什么。

时间一分钟一分钟地过去了，奇怪的事发生了，这匹威武霸气的马，像是遇到劲敌似的，先是和李林对视，后来顶不住了，眨眨眼睛，低下了高傲的头。

李林这才"扑哧"笑了起来。

"怎的啦？"王零余不解地问。

李林调皮地笑而不答。

"李教导员，"刘华香颇为得意地说，"你要是驯服它，这菊花青就是你的啦。"说罢，就把缰绳递给李林。

"哦——"王零余用食指点着刘华香，欲言又止。他明白了刘华香今天牵来菊花青的用意。

李林心底当然也明白了几分，出于战士对骏马的钟爱，她也顾不上客气了。

她接过缰绳，即刻就要纵身上马，吓得刘华香和王零余赶忙上前阻止。

　　李林嘻嘻一笑，做了个鬼脸。王、刘二人这才知道李林是来个假动作，都舒了口气。

　　就在他俩要对李林说些什么的时候，只见李林左脚插入马镫，双手攀住马鞍，用力一蹬，翻身上马。

　　李林大喊一声："让开！"这马突然受到了刺激，前蹄腾空，仰天长啸，竖直马身，想让背上的人来个四脚朝天。不想李林早有准备，她紧紧抓住马鞍，上身前曲，稳稳地贴在马背上。

　　"小心，抓稳了！"周围的人都被吓出了一身冷汗。

　　这菊花青感觉到没把李林甩下来，很不服气。它前蹄落地后，接着弓起背来，

第四章　英雄的本色

李林与菊花青

前后蹄轮流腾起，见还没有甩下背上之人，干脆四蹄同时腾空，又同时落地，接着又前后蹄不停地腾空落地。

战友们见李林在马背上前仰后翻，颠簸不止，帮不上忙，只能干着急。

李林双腿紧紧地夹住马肚子，上身像风中柳条一般摇晃，而屁股就像粘在马背上似的，不管马怎么折腾，就是稳如泰山。

大家看着看着，悬着的心慢慢地放了下来，有的战士还鼓起掌来。喝彩声渐起，只有王、刘二人的心一直悬着，他俩瞪大双眼，双拳紧握，手心出汗，而后背却是冷飕飕的。

最后，这马大概累了，动作的幅度慢慢变小，最后停了。

李林还稳稳地骑在马上。

"好！"战友们齐声欢呼。

说时迟那时快，没等李林舒口气，这马一声长嘶，突然又奋蹄疾飞，像一支离弦的箭直射出去。

这下子，李林也没料到，她赶忙抓紧缰绳，伏下身子，贴着马背，随马冲了出去。她只感到耳畔风声呼呼作响，两旁的树木快速后移，前方的小山坡很快迫到眼前，身后留下战友们一片关切的呼叫声。

马蹄哒哒，如风似箭，李林却在一阵紧张后，慢慢地放松了心弦。冲，冲，冲！这时，马背上的李林甚至感受到了飞翔的快感。好久，好久，积蓄在内心的力量，这时她真想以胜利者的姿态大声地欢呼出来……

啊！不！

这飞翔的马突然来了个急刹车，前蹄急止，后蹄腾空。不等李林多想，她的身子早已不由自主地抛飞出去，倒栽葱式被摔在地上。

"教导员！"战友们见状，个个脸被吓成铁青，急忙向李林跑去。

李林艰难地从地上爬起。

第一个冲上来的战士惊叫道:"教导员,血!"

李林额头上有伤,血已流到腮边。

王零余冲了过来,他疾呼:"卫生员,卫生员!"

李林推开战士们搀扶的手,她一手叉腰,一手指着菊花青,横眉看着它。她明白,面对顽强的对手,自己决不能露出一点点怯色。她顿了顿,严厉地下令:"警卫员!"

"到!"

"去,弄个一百来斤的沙包,给我紧紧地绑在这顽皮的背上。让它折腾,我就不信,打不掉它的嚣张气焰!"

果不出李林所料,这马驮上沙包,自个儿折腾大半天,最终也没把沙包甩掉。它筋疲力竭,不时地喷着鼻子,倒腾着蹄,最终认输般地停了下来。

之后的几天,营地里的战友们及周边的老乡常常见到这样的画面——

李林牵着菊花青。她跑,马也跑。她停,马也停。她慢慢地走,马也跟着慢慢地走。

她时常把马拴在树下,自己坐在马旁,娓娓地对着马讲自己的心事,就像是在求学时和闺蜜长谈一般。

夜间,她也经常在休息前来到菊花青的槽房,摸摸它的脖子,刷刷它身上的灰尘,替它赶赶蚊子。

一天,战士们正在晨练,看到李林骑在菊花青的背上,慢步走来。

"哦!"战士们顿时炸开了锅,欢呼李林的胜利。

"啪!"李林突然扬鞭,鞭梢在风中空响。菊花青长嘶一声,载着李林绕场飞奔。

是日,李林作诗一首,题为《我心爱的战马》:

第四章 英雄的本色

75

华侨抗战女英雄 李林

我心爱的战马,
当黄色的风吹起,
在沙滩上,
我的战马快如飞。

飞过山岳,
飞过平川,
风啊,
我要和你比一比。

敌寇的血,
染红我的马蹄,
敌寇的头,
滚在我马的脚底。

我心爱的战马,
它跟战士一样忠贞,
亲爱的祖国啊,
我把它献给你。

　　李林驯服烈马菊花青的壮举,极大地鼓舞了战士们。他们苦练马术,苦练杀敌本领,队伍的战斗力得到提升。
　　之后,李林还练就了马上双枪射击的绝招。
　　在王零余和李林的带领下,一支让日伪闻风丧胆的抗日骑兵队伍正在迅速地成长起来。

知识小链接

日寇的大扫荡

日本侵略者为了扑灭中国共产党领导下的抗日武装力量，对抗日根据地进行了疯狂的扫荡。1940年以后，这种扫荡更为频繁、更为酷烈。在扫荡中，日军实施了烧光、杀光、抢光的"三光"政策。从1938年底到1940年止，日军在华北解放区发动的千人以上大规模扫荡达109次，出动兵力在50万以上，根据地人民的生命财产遭到重大损失。

第二节　悬赏5000大洋

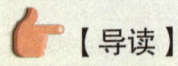

【导读】

1938年春夏，女游击队长李林名震晋绥，驻晋绥日军总部惊惧不安，下令悬赏捉拿李林，赏金为5000大洋。

通过本节学习，我们可以进一步了解李林在晋绥战场英勇杀敌的传奇经历。

李林驯服菊花青的壮举，极大地鼓舞了战士们。李林常对战士们讲：战斗随时打响，没有充裕的时间让我们训练，只能在战斗中不断地锻炼自己，将自己变成金刚不坏之身。我强，敌人才会胆怯。

有了骑兵营，抗日武装如虎添翼。李林和王零余充分地发挥骑兵机动、灵活、快速的优势，将作战半径从洪涛山区不断向外拓展。右玉、大同、怀仁、朔县、偏关，以至凉城，都出现了骑兵营的踪影，出其不意地打击敌人。

李林领导的骑兵营忽东、忽西、忽南、忽北，像猎豹一样捕猎，将日寇和伪军玩得晕头转向，惶惶不可终日。

日伪吃尽了苦头，不惜血本派出大量的汉奸走狗和谍报人员，他们化装成难民、乞丐、小贩等，四处刺探骑兵营的消息。日寇还到处贴出悬赏告示捉拿李林，赏金从1000大洋涨到2000大洋、3000大洋。敌人妄图像刺杀梁雷县长一样刺杀李林，从而消灭我第六支队的翘楚部队——骑兵营。

凶残的敌人又在酝酿一个更大的阴谋。

1938年9月，日寇把晋北、内蒙古和察南三个伪自治政府合并为"蒙疆联合自治政府"，以便加强在平绥铁路线上的统一指挥，并把李守信队伍调来补充，改为"兴亚军"，还对边区民众进行大量欺骗麻醉的宣传工作。

敌人的这些准备不能不说是煞费苦心。

1939年3月25日，李林以著名抗战女英雄的独特身份，应邀参加国共两党联合召开的"秋林会议"。右列戴草帽者为李林。

1939年10月25日，日寇开始对晋绥边抗日根据地进行第七次扫荡，采取了铁壁合围的"梳篦政策"，企图把边区的所有抗日力量完全歼灭。

在扫荡之前的几天，敌人就将各县的兵力悄悄地调集到离根据地最近的据点。他们利用夜间行动，每到一个村便封锁消息，肆意屠杀百姓，日夜戒严，不准老百姓进出，妄图让抗日队伍成为聋子、瞎子。

但是，不管敌人怎样封锁消息，他们的阴谋和企图都会被识破。因为边区的民众都愿冒着生命危险，利用信号树、鸡毛信、地下交通站等方式将敌情信息传到根据地领导的手中。

敌人行动的信息不断传来，面对这种严峻的形势，第六支队召开了一次敌情分析会。

要怎样粉碎日寇的这次大扫荡呢？首先大家统一了意见：让同志们立刻变成"老乡"，到他们熟悉的村子去，就地隐藏起来，减轻主力部队机动作战的后顾之忧。

如何不让鬼子在抗日根据地里肆意妄为，屠杀抗日军民呢？反击是最好的防卫，但如何反击呢？

李林提议道："敌人这次来势凶猛，分兵合击，可以说险恶毒辣，但他们高兴得太早了！他们的枪炮再厉害，可对地形不如我们熟悉，而且我们有老百姓的拥护，我们占有天时、地利、人和的优势！"

"对！"屈健回应，"敌人采取梳篦手段，而我们抗日根据地是铜墙铁壁，他们休想梳理过去。"

支队政委姜胜说："反'围剿'我们有的是经验。避其锐气，打其虚弱，敌退我打，就能胜利。"

战友们讨论得很热烈，李林沉思着。她走到地图前，揣摩很久，突然眼睛一亮，食指按住地图上的岱岳镇，坚定地说："就打它了。"

同志们被李林的这一举动震了一下，因为大家知道，别看李林年纪轻，是个女同志，却是个战功赫赫的人。

李林抬起头，环顾四周，都是比自己年长的同志。她下意识地整理了一下耳边的短发，胸有成竹地说："我选择打岱岳镇，是因为这次敌人进攻的目标是我们游击队洪涛山指挥部。岱岳镇离洪涛山远，敌人布置的兵力相对较弱；岱岳镇又紧挨同蒲铁路，一旦受到攻击，就会牵制大同的鬼子快速南下增援。"

"只要大同的鬼子南下增援,敌人的梳篦政策就不攻自破。到时候,我们再派支队伍到岱岳火车站北面扒掉一段铁轨,推迟敌人援兵到来,为攻打岱岳镇的同志争取时间,安全撤离。"屈健补充道。

屈健话音刚落,会场中响起一阵掌声。同志们夸奖道:"李林和屈健真是一对革命好伴侣[①],心有灵犀一点通啊!"

这个战斗计划很快得到上级领导的批准,李林马上就带领队伍出发了。

路上,李林他们不时获得百姓冒险传递来的敌情信息,轻车熟路地穿越一道道封锁。

有时敌人在山脚下的大路上行走,李林带队在山腰潜行;有时敌人在山梁上搜索,李林带队在山沟里潜伏。就这样,李林带领队伍按约定的时间准时到达岱岳镇外围。

这时正是黄昏,一轮红日渐渐地落下山梁,晚风刮起,飞扬的尘埃加快了夜幕降临。这正是自然条件掩护队伍潜行攻击的大好时机。

与此同时,留守在岱岳镇据点里的敌人,以为自己远离洪涛山区抗日根据地,正在吃晚饭,他们饮酒作乐,一片喧哗。负责放哨的两个鬼子,也老是向里面探头探脑,一副委屈的模样。

李林看了一下时间,与屈健约定破坏铁路线的时间到了。她下了命令:"打!"然后骑着菊花青快速地冲向敌人的据点。"啪啪"两声枪响,两个鬼子哨兵还不知道发生了什么事,就一头栽在地上去见了阎王。

战士们随着李林一阵猛冲,对着据点里的敌人一齐开火,几颗手榴弹在敌群里开了花。

"冲!"李林又一声令下。"啪啪"两声,又结束了据点前两个机枪手的性命。

敌人慌忙抓枪抵抗，却你抢我夺地抓不到枪。鬼子和伪军被打得鬼哭狼嚎，血肉四溅。躲在机要室的鬼子赶忙向大同的上司报告："喂，喂……"

日军坂垣师团长得到报告，气得干瞪眼，他命令前方的铃木旅团长火速返回，以解岱岳之围。

可日寇火车到岱岳车站以北，就被迫停车了。因为这里的铁轨早已被屈健带领的游击队扒掉了一大段。日寇只好下车，跑步增援，但等待他们的，只是为岱岳镇据点里的鬼子收尸了。李林早已带着队伍，撤离得无影无踪。

敌人的第七次扫荡彻底被粉碎了。鬼子从一个装死的伪军那里得到消息，带人攻打岱岳镇的是一个骑青马、打双枪的年轻女子，很厉害的。

"又是顽皮的佘太君！"鬼子咬牙切齿。他们从这个伪军的描述中，终于获得了李林较真实的图像。从此，悬赏令贴满街头，赏金也一下子抬高到了 5000 大洋。

李林知道这件事后，打趣道："我的每根发丝都是无价之宝呀……"

老百姓看到这些悬赏告示之后，心底里也暗暗夸奖这个女英雄，说她是老百姓的保护神。他们会将这些告示偷偷撕烂，甚至有很多热血青年在这次战斗的感召下，寻找并参加到抗日的队伍中来。

李林英勇打击日寇，打出了威风，打出了名气。

1940 年 2 月，李林参加晋西北军政民代表大会，被推选为晋西北行政公署委员。会议期间，贺龙接见了李林。

当李林听说令人景仰的贺龙首长要接见自己时，抑制不住兴奋的心情，用手捂着嘴巴，但还是"啊——"的一声叫了出来，这种感觉比打一场胜战更为激动人心。

李林（前右二）与参加晋西北军政民大会的代表们在一起

她快步来到首长的住处，立正，庄严地敬个军礼，有力地喊了声"报告"。在获得请进的命令后，她正步走进屋子，机灵地环顾屋里的人。只见一个留八字胡的中年男子，正端着烟斗微笑着看着自己。

李林心中已猜中八九分，这个人就是率领队伍参加并指挥南昌起义，为中国革命掀开新纪元的大英雄贺龙首长了。一股敬仰之情涌上心头，李林再次立正敬礼，以军人特有的豪迈语气说："报告首长……"

贺龙微笑着听完了李林的报告，对身边的人赞叹道："李林，还是个妹陀（湖南方言，指女孩子），是归国华侨，是大学生，来自大城市，能带着骑兵部队与日本鬼子打仗，打出了威风，了不起啊——我们的女英雄！"

这天，贺龙还特别奖励给李林一把精致的手枪。从此以后，这把枪和李林寸步不离，李林常常边擦拭它边自豪地说："这才是我想要的。"

> **知识小链接**
>
> ### "蒙疆联合自治政府"
>
> "蒙疆联合自治政府"是日本侵略者于1939年至1945年间在今内蒙古中部（当时中华民国的察哈尔省和绥远省等地）操纵成立的一个傀儡政权。1933年各盟旗王在绥远百灵庙召开自治筹备会议，1934年成立"蒙疆政府联合委员会"，设立了"察南自治政府"。1939年该联合委员会又与"蒙古自治政府""晋北自治政府"合并改组为"蒙疆联合自治政府"。此政权的头目是德穆楚克栋鲁普亲王，首府在张家口，使用成吉思汗纪年。日本侵略者投降后，这个伪"蒙疆"政府也随之垮台。

注：① 1938年底，李林与屈健结为夫妻。

第三节　冲出去——我掩护！

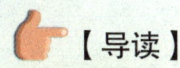

【导读】

危急关头，将生的希望留给战友，将死的威胁留给自己。

通过本节内容，我们可以看到抗战女英雄李林在面临生死抉择之时，所表现出的大无畏的精神。

1940年，抗日战争进入了敌我相持的阶段，敌寇似乎觉得他们骄横凶残的日子不多了，于是更加疯狂地向抗日根据地发动攻击。

离第七次扫荡才四个多月，日寇又调集兵力，向雁北洪涛山区抗日根据地发动第八次扫荡。由于我方军民得到消息，早做准备，敌人的第八次扫荡并没有捞到多少好处就收场了。

过后的日子，敌人突然没了动静。地委、专署、"牺盟"边委等机关就在平鲁乱道沟、吴马营一带相对集中地驻扎下来。有些领导产生了麻痹的思想，他们认为，可以利用这段时间，办几期干部训练班、农训班、妇训班等。这里一时集合了非战斗人员四五百人，犯了兵家大忌。

山雨欲来风满楼，李林和一些明眼的领导着急地商议，谋划应对突发事件的方法。

但这一次，却被狡猾的敌人抢了先。鬼子四处放出的汉奸特务获得了这些重大信息，个个露出狰狞的獠牙。他们集结一万二千余兵力，分兵六路，目标明确，以闪电般的速度向洪涛山根据地中心直扑过来。敌人的这次扫荡，距第八次扫荡才三十天。

我们的前哨阵地与日寇接上了火。敌人穷凶极恶，甚至出动了飞机。敌机低空扫射的枪声和地面上炸弹的爆炸声，越来越逼近机关中心和干部训练营。地委、专署急忙布置机关人员和训练班学员向平鲁方向撤退，并下令第六支队三营的骑兵连担任前卫，三营的三个步兵连担任后卫。

紧要关头，李林挺身而出，对赵仲池说："老赵，让我带领骑兵连掩护大家撤退！"

"不行！"赵仲池斩钉截铁地说，"为了孩子，我绝不允许你这样做！"

李林这时早已与屈健结为夫妻，并且腹中的胎儿已有三个月大了，这事在营中战友们之间已不是秘密。战友们也经常在生活中关心着李林，谁要是难得地获得一些水果、红糖，都会偷偷地放到她的包里或床上。

李林知道战友们的心意，她整理一下衣帽，立正挺胸，精神百倍地说："谢谢同志们的关心，我会没事的。我请求作战！"

李林向大家敬了一个军礼，她抬起的手稳稳的，一直没放下。大家明白，她的战斗请求是坚决的。

赵仲池深知，每到关键时刻，李林都有抢挑重担的脾气。他与在场的领导听取

风尘仆仆的李林

了李林提出的声东击西的撤离方案，十分信任地对李林说："好，准备出发。千万小心！"

李林立正，敬礼。赵仲池庄重地与李林握手道别。

"保重！"他没再说下去。他对着李林离去的背影，以一个上级的身份行了个标准的军礼。

三营骑兵连的前身就是前第八支队的骑兵营，李林曾当过教导员，战士们对李林都敬佩不已。大家见到李林回来率队突围，顿时勇气倍增，人人精神振奋，扬鞭跃马，就等出发的命令。

撤离的命令一下达，各部人马都紧张地行动起来。打包的，收卷电话线的，烧掉过期文件的，人影闪动，马儿嘶鸣。

李林将队伍集合完毕，然后作战前动员："同志们，我们这次的任务光荣又艰巨。具体地讲，就是引火烧身，我们向东突击，搞出最大的动静，尽量吸引敌人，用我们的大动作，掩护机关同志及干部训练班学员向西突围。"

李林高呼："狭路相逢——"

战士们齐声高呼："勇者胜！"

李林振臂一挥："同志们，冲啊！"

骑兵连瞬间像离弦的利箭，向东冲向敌阵。

马蹄声响，战刀闪亮，黄土飞扬。东边的日寇突然遭到骑兵连的冲锋，顿时鬼哭狼嚎，阵脚大乱。

敌人上当了，误判了我军的突围路线，连忙调集主力，压向东边李林的队伍。

子弹呼啸，炸弹轰响，东边的战场片刻间成了火海，而这一切正是李林所希望的。英勇的骑兵连战士在李林的带领下，一次又一次地冲向越聚越多的敌人。

在西线，按照事先的约定，我方大队人马抓住骑兵连用鲜血争取来的难得时机，快速向西猛冲，虽然遇到敌人小股部队阻击，但大部分非战斗人员已冲出了敌人的包围圈。

当敌人明白上当的时候，再合围堵截已来不及了，于是便把所有的怨气都泼向东线。敌人疯了，对着骑兵连狂喊："消灭，消灭，通通地消灭！"

不管敌人怎样疯狂，骑兵连咬住不放。经过几次冲锋、拼杀，他们冲出去了！李林集合整队，还剩二十几人。

李林来不及为牺牲的战友悲伤，她抬头眺望西方，听到那里还有零星的枪响，料想还有同志没有突围出去，于是她掉转马身，对战士们说："我们再冲进去，为撤离的同志争取时间！"

战士们将战刀高高地举起，紧紧追随李林。

"骑兵连，为了胜利，冲啊！"李林带领战士再次冲向敌人。

敌人原本以为我方骑兵冲出他们的包围圈，已逃之夭夭，正整队要压向西边有枪声的地方，但万万想不到李林又带队冲了回来。

敌人背部受敌，被我骑兵连一阵砍杀，如秋风扫落叶一般，鬼子倒下了一片。鬼子头气得暴跳如雷，急急地组织人马，将我骑兵连团团围住。

面对敌人重重的包围，李林露出了轻蔑的微笑，向身边的十几个战友再次发出命令："骑兵连，冲出去！我掩护！冲啊——"

"轰——轰——"迫击炮炸响，所有战士都被掩盖在滚滚的烟尘之中。

冲出去！冲出去！战士们只有这么一个念头，冲出去就是胜利！

这时，就在李林的不远处，一个炮弹爆炸了。李林的战马菊花青不幸中弹，战马嘶鸣，扑倒在尘埃中，再也站不起来。李林艰难地从战马的身下爬起，发现身边还有两个受伤的战士。她爬过去，扶他们起来，微笑着说："死，怕吗？""不怕！"他俩齐声答道。

三人互相搀扶着，一步一步爬上附近的山梁。

枪炮声渐渐停了，敌人发现我方只有三个战士，便开始收拢包围圈，还叽里呱啦地喊着："抓活的，抓活的……"

李林对两名战士坚定地说："誓死不当俘虏。"

"誓死不当俘虏！"两名战士也坚定地宣誓。

敌人的包围圈越收越紧。

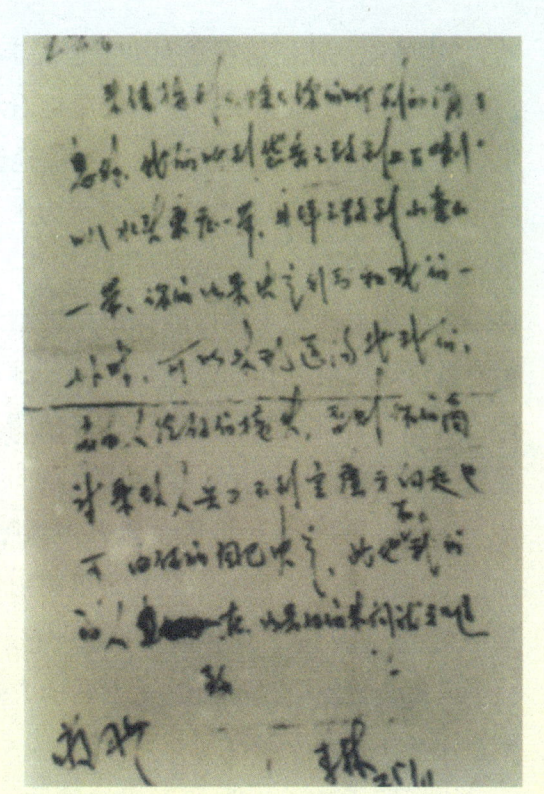

1940年4月25日，决战前夜，李林写给右玉县领导王焕光的信，部署战斗计划。

"砰，砰，砰——"李林沉着地射击，又有四个鬼子倒在李林的枪口之下。鬼子急了，"哒哒哒……"一阵机枪扫射。李林身边的两名战士中弹牺牲了，她的胳膊和肩膀上也中了两枪，鲜血如注，把她的衣服染红了，把她爬行过的土地也染红了。

李林忍着剧痛，艰难地爬向山梁上的一座小庙，身后留下一道鲜红的血痕。她大声地喘着气，背倚着庙墙，继续向敌人射击。

她又撂倒了两个鬼子，其余的鬼子吓得赶忙趴下，像乌龟一样不敢露头。

"砰，砰——"李林继续射击。子弹打没了，她以极快的速度拆散枪支，把零件一个一个远远地抛掉。

第四章 英雄的本色

89

"决不能让武器落在敌人手上！"李林想。

鬼子还是不敢露头，李林轻蔑地看着他们，用手轻轻地抚摸腹中的胎儿，她眼中泛起了泪光，喃喃地说道："我的孩子，你还没来到世上，妈妈就要与你一起离去。为了千万个人能更好地活着，我的孩子，请你不要责怪你的妈妈——"

李林用另一只手慢慢地掏出一把精致的手枪，那是贺龙首长送给她的。她对着远方的群山微笑着，她对着广袤的大地微笑着，她仿佛看到安全撤离的同志们正整齐地阔步前进，仿佛看到故乡的龙眼树、荔枝林，仿佛看到自己的养父母慈祥的面容。

"爸，阿姆……"她用乡音轻声地呼唤着自己的养父母。之后，她把枪顶住自己的下颏，带着对祖国山河无限的眷恋，带着对腹中孩子无比的爱，从容地扣动了扳机……

风萧萧兮，霞光泣血，远方的远方是一片蓝蓝的海洋，海岸上是一片椰林风光……

伏在四周的鬼子听到一声枪响后，再无动静，就慢慢地围拢过来。

阴凉山，当年李林战斗牺牲地。

有个鬼子端着枪，踢了一下李林的遗体，惊讶地喊："是个女八路！""啪啪"两声脆响，这个鬼子重重地挨了少佐两记耳光。

那少佐肃立，向李林敬礼，作为军人他知道，这是

李林牺牲后，遗体暂厝地。

个让人敬佩的对手。鬼子更知道，这个民族连女人都能拿起枪来，英勇地反抗侵略，这个民族是永远不会被打败的。

四野重新恢复了宁静，浸透鲜血的大地上，花儿开始盛开，李林却永远地睡着了，她的魂魄又回到了她深爱的这片土地……

"冲出去——我掩护！"这是李林下达的最后命令！

最后的一战——"东平太"战斗，李林带领不足四十名骑兵，吸引一万多的日军兵力，掩护我方队伍机关人员及干部训练班学员六七百人安全脱险。她用实际行动实践了自己的入党誓言，用自己的鲜血和生命捍卫了中华儿女的尊严和人格。

殉国时，李林才25岁，是个风华正茂的女子，是个刚刚孕育生命的母亲。

知识小链接

日本宣布无条件投降

　　1945年8月15日正午，日本裕仁天皇向全日本广播，接受《波茨坦公告》，实行无条件投降，结束战争。

　　1945年9月2日上午9时，标志着二战结束的日本投降签字仪式，在停泊于东京湾的密苏里号主甲板上举行。日本新任外相重光葵和陆军参谋长梅津美治郎在投降书上签字。1945年9月9日9时，南京中央陆军军官学校大礼堂举行第二次世界大战中国战区受降仪式，日军侵华总司令冈村宁次正式向代表中华民国政府的陆军总司令何应钦呈交投降书。1945年10月25日，中华民国政府在台湾举行受降仪式，这成为抗日战争取得完全胜利的重要标志。

第五章　不朽的丰碑

第一节　悼忠魂　树丰碑

👉【导读】

李林殉国后，国共两党给予她怎样的历史定位？她的牺牲又会产生多大的价值和意义？

通过学习本节内容，我们可以认识李林在人民心中的崇高地位。

李林牺牲的当日，老乡们找到了她的遗体，并将遗体安厝于山阴县郭家窑村一处闲置的窑洞里。五天后，正式葬于平鲁东石湖村附近。

1940年5月1日，李林牺牲的第六天，中共晋绥边（地）委、专署等各机关数百人在郭家窑村举行了隆重的追悼会。

在追悼会上，当地群众不断涌来，悲声四起。他们来送这个战地"干妈"和"保姆"最后一程。

几个老乡亲放声大哭，就在几天前，李林还在帮她们洗衣服、梳头。

李林的许多干儿子、干女儿也来了。孩子们哽咽着、痛哭着和妈妈告别——他们又成了孤儿了，从今以后谁来呵护他们？谁来教导他们？

李林的战友们个个心如刀绞，赵仲池眼含热泪宣读悼词，王志德难抑悲愤，建议战友们为李林鸣枪送行。

李林的丈夫屈健为妻子整理遗容，看一眼，再看一眼妻子那熟悉的面庞——如今那面庞冰冷了，不再有微笑，但是更坚韧的信念

第五章　不朽的丰碑

95

却在屈健的心中扎根——完成妻子未竟的事业，为千千万万人的幸福浴血奋战。

像风吹过大地，李林的事迹传到了中央，传遍了全国。

1940年5月26日，中共中央机关报《新中华报》发表中共中央妇委悼念李林同志的文章。

悼民族女英雄李林同志[①]

据最近所得确息，本年（1940年）4月26日，日军以四千余众，分兵三路，实行对我晋绥边区之根据地作第九次围攻。李林同志当

战友们为李林默哀

率队冲出重围之际，不幸遭敌伏击。

李林同志曾奋勇与敌肉搏，手刃敌数名，但以众寡悬殊，于是日上午八时许在朔县部宁江窑子壮烈殉国。与李林同志同时遭难的，还有英勇女战士十余人，及男同志二十余人。

噩耗传来，悲痛莫名。二十余岁之青年李林同志自1937年夏起即在前方英勇杀敌，不仅是我们女共产党员的光荣模范，而且是全国同胞所敬爱的女英雄。今竟英年战死，实我中华民族——特别是我国妇女界一严重损失。

中共中央妇委除对死者表示沉痛哀悼以及对死者家属敬以亲切慰唁外，特号召全体女共产党员同志和全国妇女同胞更加奋起抗战，为完成李林同志等的未竟事业而奋斗，为李林同志及一切抗敌殉国的烈士们复仇而奋斗。

1940年5月26日

就在同一天，《新西北报》也发表了社论《悼李林同志》。

悼李林同志[②]

牺盟晋绥边区（第11行政区）领导者李林同志，在此次敌人对边区第九次围攻中壮烈牺牲了，噩耗传来，悲愤莫名，不胜哀悼！

大家所熟悉的，卓越的女革命战士，李林同志，福建人，初随其家人侨居于马来半岛，后返国肄业于北平师范大学（作者注：应为北平私立民国学院）。绥东抗战爆发后，救亡浪潮风起云涌弥漫于全国，在各地进步青年"到太原去"的热烈高潮下，李林同志毅然弃学到太原受训。"七七"卢沟桥事变后，李林同志被派为雁北大同牺盟特派员（作者注：应是牺盟大同中心区宣传委员），大同沦陷，被迫转移怀仁、偏关等地，与其他同志组织牺盟游击队（现改编为

18团2营），开展雁北游击战争。由于敌人到处杀人放火，奸淫掳掠，激起了民众的高度愤怒和反抗烈火，于是坚持抗战的牺盟游击队，很快发展到数百名；当时，李林同志就担任了该队教导员，三年来，即在最艰苦的敌后，与敌寇肉搏苦斗，坚持了敌后游击战争。今春讨逆军事胜利后，牺盟晋绥边区区委会秘书屈健（她的丈夫）调任第十一行政区专员，区委秘书一职遂由伊担任，同时，专员公署秘书主任亦由伊兼任。这些繁重而艰巨的工作，使她更积极更坚强起来！

李林，这是个英勇、果断、顽强、战斗组合成的名字，在晋绥边区及其附近地区，一提起来，就使每个男女老幼熟悉而感到无限亲热。李林同志在群众中间，成为这般伟大可敬的人物，绝不是出于偶然。在牺盟晋绥边区，群众认她为自己的领袖，行政人员说她是一位伟大的政治家，而部队中军事人员却说她是一位天才军事家。这些从群众口中吐出来的话，证实她不仅是一位群众工作的领导者，同时是一位政治家，又是一位军事家，这主要是由于她在军事上创造下光辉的战绩，在政治上维系了和坚定了对于最后胜利的信心；在群众工作上她也起了伟大的作用，尤其是妇运工作，更作了开路先锋。因此造就了李林同志光荣的名字。

在这伟大的时代中，虽有不少的民族女英雄，然而能深入敌后，指挥武装部队，领导工农群众与敌冲锋陷阵，血肉相拼，以至坚持三年之久，创造下辉煌永远不可磨灭战绩的恐怕只有李林同志了！尤其是此次敌人四面包围而来，无法冲出，终不免一死的坚强信念下，沉着、英勇、顽强地毙敌人六名，最后遂毅然以枪膛中最后一粒子弹打死了自己，而免于遭敌辱杀。这种伟大的壮举，真可动天地而泣鬼神，成为中国民族英雄的最光荣的典型。

李林同志的一生历史，是一部光辉灿烂的斗争史，她的死，无疑是国家的一个大的不幸和损失，尤其是晋绥边区的人民更是失掉了他们最亲热的保姆,失掉了光明的灯塔。

　　李林同志是为民族而生,也是为民族而死,在民族危机依然严重的今天,在妥协投降依然成为时局中主要危机的时候,二战区及全国女界同胞应向李林同志学习,踏着李林同志的血迹,战斗下去,以争取中华民族的彻底解放。

《新西北报》发表《悼李林同志》

　　除了《新中华报》《新西北报》发表悼念文章、社论,其他宣传媒体也纷纷发表文章悼念爱国抗日女英雄李林。

　　李林同志勇于为国牺牲的精神成为一座丰碑,树立在全国抗日军民的心中。她的鲜血没有白流,她就像一面鲜红的旗帜,带领英勇不屈的中国人民朝着胜利的方向奋勇前进,前进!

> **知识小链接**
>
> ### 《新中华报》
>
> 《新中华报》原为陕甘宁边区政府机关报，1939年2月7日改为中共中央机关报。
>
> 该报是边区最有影响力的报纸。报纸刊发周年之际，毛泽东主席亲笔写了《强调团结与进步》一文，指出《新中华报》的政治方向"就是强调团结和进步，以反对一切危害抗战的乌烟瘴气，以期抗日事业有进一步的胜利"。毛主席评价该报"是全国报纸中最好的一个"。1941年5月16日，该报与《今日新闻》合并为《解放日报》。

注：①②材料来源于王宝国主编的《华侨抗日女英雄李林传》。由于当时通讯条件有限，文中数据、情节有待进一步探究。

第二节　赞英雄　永传承

【导读】

李林精神在新时代中也具有巨大的现实意义。通过学习本节内容，我们会明确认识到，要牢记历史，缅怀先烈，在时代的新征程中奋勇前进，为实现中华民族的伟大复兴而努力。

第五章　不朽的丰碑

1945年9月2日，东京湾乌云消散，烈日当空，海浪轻轻地拍打着密苏里号军舰，阵阵不息的波浪像是抑制不住内心的喜悦发出了哗哗的响声。

这天，是个铭刻在历史上的日子，日本向盟军投降了。在包括中国在内的九个受降国代表的注视下，日本终于低下了不可一世的头，在投降书上签字。这是中国近代以来反侵略历史上第一次全面的胜利，也为世界反法西斯战争的胜利作出了巨大的贡献。

抗日战争，从1931年9月18日，即九一八事变开始到1945年结束，历时14年。14年，中华民族在这场卫国战争中，牺牲了无数

日本裕仁天皇宣读投降诏书

的优秀儿女，历史将永远铭记他们的丰功伟绩。

李林就是这些优秀儿女中的一名，她战斗过的地方，她的家乡百姓，全中国的人民大众都不会忘记她。

1952年4月26日，山西平鲁县人民重迁李林遗骨于县城烈士陵园。

1973年9月13日，周恩来总理陪同法国总统乔治·让·蓬皮杜到大同访问时，称李林是"中国的贞德"，嘱咐雁北地委"要多宣传李林，要写李林的传记"。

1984年7月，中央委员、全国政协副主席、全国妇联主席——朱德夫人康克清为纪念李林题词："中国人民的好女儿，李林同志的光辉业绩，永远值得我们纪念和学习。"

1985年，山西朔州第一中学更名为李林中学。

2009年9月，李林被评为"百位为新中国成立作出突出贡献的英雄模范人物"之一。

2011年4月26日，朔州市平鲁区人民将李林烈士陵园再迁于区治之南山公园附近。

2017年10月31日，习近平总书记带领中共中央政治局常委集体瞻仰上海中共一大会址和浙江嘉兴南湖红船，并在"缅怀墙"前共缅英雄人物。"缅怀墙"上，华侨抗战女英雄李林英姿飒爽的形象熠熠生辉。

　　　　血染征衣凝铁骨，
　　　　山河静穆有啼痕。
　　　　如今雁北硝烟尽，
　　　　侨女犹然浩气存。

为了更好地铭记华侨抗战女英雄李林，2017年10月，福建省漳州李林研究会与福建鹭凯生态庄园，联合在印尼归侨聚居地龙海

双第华侨农场建立李林事迹陈列馆。陈列馆位于双第山下，背靠天城山脉，坐东南朝着李林殉国的雁北方向。陈列馆前是200多平方米的广场，周围种满各种花草，把广场映衬得更加美丽。广场下面是台阶，台阶中间，是李林持枪跃马的塑像。整个陈列馆掩映在青山翠柏之中，显得格外庄严肃穆。台阶共25级，象征着李林短暂而伟大的25年传奇人生。

2018年9月，日本名古屋南山大学藤川美代子教授到双第华侨农场鹭凯生态庄园考察时，听说李林是印尼归国华侨，又是抗战女英雄，便很想参观李林事迹陈列馆。来到李林的塑像之前，她像拜观音菩萨一样，拜了又拜。她说："反抗侵略是人类的本能。"

日本名古屋南山大学藤川美代子教授参观李林事迹陈列馆

英雄已逝，魂兮归来！
华侨抗战女英雄李林烈士永垂不朽！
您是一座伟大的丰碑，您的英雄事迹，您的爱国精神将激励中华儿女为建设伟大的祖国不断做出新的贡献！

知识小链接

李林"回家"

李林牺牲的事情，其亲属皆一无所知，组织上也与其亲属失去了联系。

新中国成立后，李林的亲属多方打听寻找李林，均无音讯，整整找了半个世纪。1986年，李林的亲属在看到厦门电视台播放的六集电视片《烽火侨女》时，强烈感觉到片中李林的形象及其经历，很像他们苦寻半个世纪的李秀若。他们给李秀若的几位集美同学写信求证，大家一致认为李林就是李秀若。

李林的亲属将这一情况告知漳州市侨联等部门。巧合的是，20世纪80年代，李林的丈夫屈健（新中国成立后曾任国务院水电部农水局局长等职）也委托有关方面寻找李林的亲属，其本人也来漳州市区寻找过两次，但都无功而返。获知这一消息后，漳州市文史工作人员经过多方联系、查找和论证，最终确认李秀若就是李林，才知道漳州出了一位华侨抗战女英雄。

树立于李林家乡（福建龙海）石码锦江道的"李林柱"石雕

附：李林年表

民国四年（1915）
　　11月15日，生于福建省漳州地区，后被遗弃于塔口庵。
　　12月下旬，被陈茶收养，起乳名翠英，居于福建省龙溪县龙眼营。

民国八年（1919），4岁
　　春，随养母侨居印度尼西亚。

民国十三年（1924），9岁
　　春，取学名李秀若，入读爪哇外南梦中华学校。

民国十八年（1929），14岁
　　春，毕业于爪哇外南梦中华学校。
　　冬，随养母回国，定居于福建省龙溪县石码镇。

民国十九年（1930），15岁
　　秋，入读厦门集美学校幼稚师范学校。

民国二十一年（1932），17岁
　　夏，集美学校幼稚师范学校肄业。
　　秋，转入集美女子初级中学。

民国二十二年（1933），18岁

　　12月，集美女子初级中学毕业。

民国二十三年（1934），19岁

　　春，入读浙江省立杭州女子高级中学。

民国二十四年（1935），20岁

　　2月，转学上海爱国女中高中部。

　　在爱国女中，作文《读〈木兰辞〉有感》得105分。

　　秋，在爱国女中创办平民夜校。

民国二十五年（1936），21岁

　　7月，改名李林。

　　7月下旬，北上北平，入读北平私立民国学院政治系。

　　9月，加入北平民族解放先锋队。

　　12月12日，参加中共组织的北平学联声援上海"爱国七君子"万人大游行，并担当旗手。

　　12月18日，加入中国共产党。

　　12月26日，到山西太原加入山西省牺牲救国同盟会，同时参加牺盟会军政训练班，并任训练班中共特委宣传委员兼第十二连支部书记（秘密）。

民国二十六年（1937），22岁

　　3月5日，转第十一连（女兵连），并任连内中共支部书记（秘密）。

　　5月下旬，先后任牺盟会总部和太原分会干事。

7月20日，任牺盟会大同中心区和中共雁北工委宣传委员。

9月上旬，组建大同农民抗日自卫队。

9月18日，在代县阳明堡会合牺盟会雁北游击司令部、牺盟会雁北战时工作委员会，确定随队北上。

9月20日，二出雁门关，随队抵达平鲁县。

9月26日，任牺盟会雁北战时工作委员会和中共晋绥边（特）委宣传组长。

10月，在偏关县主持抗日干部培训班工作，创建雁北抗日游击第八支队，任政治主任。

民国二十七年（1938），23岁

2月中旬，率部转平鲁参加第一次反扫荡战斗。

3月底，任雁北抗日游击第八支队队长。

4月以来，率军转战晋绥，接连获胜，威名远扬。

5月上旬，任国民革命军第十八集团军（八路军）一二〇师雁北独立第六支队骑兵营教导员。

7月26日，调任牺盟晋绥边工委暨中共晋绥边委宣传委员、组织委员，兼管地方军事，主持干部训练班工作。

8月，创办《战斗生活报》。

年底，与屈健结婚。

民国二十八年（1939），24岁

3月25日，受特邀出席晋绥军政民高级干部会议（秋林会议），会议期间受到阎锡山接见。

10月25日，策划奇袭岱岳之战，参与指挥和战斗，获粉碎敌人第七次扫荡的胜利。

12月28日，率军实施中共组织的"反顽固"统一（军事）行动。

民国二十九年（1940），25岁

1月20日，在晋绥边区人民代表大会上当选为晋绥边区第十一专员行政督察公署秘书主任。

2月1日—3日，出席晋西北人民代表大会（又称晋西北军政民代表大会），当选新成立的晋西北行政公署委员，并受到贺龙接见。

4月26日，在反日军对我抗日力量第九次扫荡突围战中，为掩护专署机关、团体和各训练班等单位突围而壮烈殉国。

后　　记

　　祖国的万里江山，浸染了多少英雄鲜血；人民的幸福安宁，凝聚了英雄的慷慨付出。我们的美好生活是无数像李林一样的革命志士抛头颅、洒热血换来的。为了更好地铭记华侨抗战女英雄李林，激发人们的爱党爱国热情，坚定理想信念，龙海市社会科学界联合会牵头组建了《华侨抗战女英雄李林》编写组。在编写过程中，编写组本着"让历史说话，用史实发言，以理性之笔，书写英雄之史"的编写原则，全面系统地介绍了漳州籍女英雄李林，从一位南洋富家女成长为抗战女游击队长的传奇人生，通过一幅幅鲜明生动的历史画面，展示了李林在战火纷飞的抗战年代，勇敢杀敌、为国捐躯的英雄壮举。

　　该书的出版，得到了中国华侨历史学会、福建省华侨历史学会的鼎力支持，得到了山西省朔州市李林研究会、漳州市李林研究会以及全国各地李林研究者的热情帮助，得到了龙海市有关部门、龙海双第华侨农场以及鹭凯生态庄园的大力支持，在此一并表示诚挚的感谢！一些史料图片，有的采用时未能事先告知拍摄者，有的根据编排的需要，做了一定的增删修改，没有征求作者的意见，亦在此表示歉意。

在新中国成立 70 周年之际，由龙海市社会科学界联合会、龙海市李林研究会共同编写的《华侨抗战女英雄李林》一书，既是中小学生及广大干部群众有益的思想教育读本，也是我们给新中国 70 华诞的一份献礼。

2019 年 1 月